KB266018

9살, 자아를 만나다

헤르만 쾨프케 지음
하주현 옮김

9살, 자아를 만나다

헤르만 쾨프케 지음   하주현 옮김

1판 1쇄   2026년 4월 10일

펴낸이   [사] 발도르프 청소년 네트워크 도서출판 푸른씨앗

편집 백미경, 최수진, 안빛, 권미희 | **번역 기획** 하주현, 전효민
디자인 유영란, 문서영 | **마케팅** 남승희, 이연정 | **운영 지원** 김기원

등록번호 제 25100-2004-000002호 **등록일자** 2004.11.26.(변경 신고 일자 2011.9.1.)
주소 경기도 의왕시 청계로 189 **전화** 031-421-1726 **페이스북** greenseedbook
카카오톡 @도서출판푸른씨앗 **전자우편** gcfreeschool@daum.net

 www.greenseed.kr  @greenseed_book

값 20,000원
ISBN 979-11-86202-98-2(03370)

9살, 자아를 만나다

헤르만 쾨프케 지음

하주현 옮김

일러두기

* 이 책의 독일어 원본은 『Das neunte Lebensjahr』 2판으로, 1985년 스위스 도르나흐에 있는 괴테아눔의 인지학 출판사에서 1985년에 출간되었습니다.

* 본문 내용 중 성경 구절은 『해설판 공동번역 성서』(국제가톨릭성서공회 편찬, 일과놀이 2003)를 참고했습니다.

* 본문 중 GA는 루돌프 슈타이너 전집 번호입니다.

이 작은 책에 관심을 보내 주신 모든 분께 감사를 전합니다.
많은 부모가 이 책을 읽어 주신 덕분에 빠른 시간 안에
개정판이 나오게 되었습니다. 그 모든 마음이 인생의 중요한
시기를 지나는 아이들에게 힘이 되어 줄 것입니다.
이번 개정판에서는 '9~10살 아이를 둔 학부모를 위한 강연'을
추가하고 원고를 다시 썼습니다. 그리고 빌터 홀자펠Walter
Holtzapfel 박사의 협력으로 '학교 의사의 조언'이라는 장이
추가되었습니다. 오랜 경험에서 우러나온 그분의 영감 넘치는
중요한 조언은 많은 부모에게 훌륭한 길잡이가 되어 줄
것입니다.

1985년 부활절
헤르만 쾨프케

모든 사람은 9세와 10세 사이에 중요한 전환점을 맞이합니다. 이 사건을 얼마나 의식적으로 체험하는지는 사람마다 조금씩 다릅니다. 이 시기에 어떤 힘이 개입하여 그 사람의 이후 운명에 결정적인 요소로 작용합니다. 루돌프 슈타이너[1]는 발도르프 교육에 관한 주요 저작에서 이 사건을 자주 언급했지만, 그 외에는 이 시기를 특별히 주목하는 자료를 찾기가 어렵습니다.

저자 헤르만 쾨프케는 아동기의 이 시기에 인간 3중성에서 역전이 일어난다는 것을 발견했습니다. 이는 인간 자아가 신체 조직을 한층 더 깊이 장악하면서 생기는 현상입니다. 이 책은 루돌프 슈타이너 학교에서 15년 동안 아이들을 만나고, 발도르프 교육에 관한 수많은 세미나를 진행한 저자의 경험에서 탄생했습니다. 가능한 한 많은 부모가 이

---

1   **옮긴이**   루돌프 슈타이너Rudolf Steiner(1861~1925)_ 오스트리아 빈 공과대학에서 물리와 화학을 공부했지만 실은 철학과 문학에 심취해서 후일 독일 로스토크 대학교에서 철학 박사 학위를 받았다. 이후 정신세계와 영혼 세계를 물체 세계와 똑같은 정도로 중시하는 인지학을 창시하고, 제1차 세계대전을 기점으로 추종자들의 요구에 따라 철학적, 인지학적 정신과학에서 실생활에 적용할 수 있는 학문 분야를 개척하기 시작했다. 인지학을 근거로 하는 실용 학문에는 발도르프 교육학, 생명역동농법, 인지학적 의학과 약학, 사회과학 등 인간 생활의 모든 분야가 포함된다.

책을 읽으면 좋겠다고 선뜻 권할 수 있는 이유입니다. 특히
부모와 교사가 주고받는 대화로 구성되어 있는 '아이들
부모님과의 대화'는 실화는 아니지만, 구체적인 사례를 통해
아이들이 9세 시기에 겪는 특별한 상황에서 우리가 어떤
도움을 줄 수 있는지 보여 줍니다. 이 중요한 인생 전환기에
아이가 자아를 어떻게 만나고 받아들이는지에 따라 자유를
향한 미래 발달의 토대가 마련되기 때문입니다.

예르겐 슈미트[2]

---

2 예르겐 슈미트Jörgen Smit(1916~ 1991)_ 노르웨이의 교사, 교사들의 교사, 강연자,
   작가였으며, 주로 인지학회와 발도르프학교 운동의 맥락에서 활동했다. 노르웨이
   인지학회의 사무총장이었고, 스웨덴 예르나에 있는 루돌프 슈타이너 세미나의 공동
   설립자였으며, 스위스 도르나흐의 괴테아눔에 있는 일반인지학회 집행위원회
   위원이었다.

내가 교실 벽에 1학년 아이들의 수채화 작품들을 붙이고 있을 때, 선배인 게르다 랑겐 선생님이 교실에 들어오셨다. 그림을 찬찬히 바라보시던 선생님의 얼굴에서 기쁨이 환하게 피어올랐다. 선생님은 나를 돌아보며 이렇게 말씀하셨다. "이 아이들은 나중에 풍부한 환상의 힘이 사라지는 시기에도 크게 걱정할 필요가 없겠어요. 그 힘이 분명히 돌아올 겁니다. 물론 형태는 아주 많이 달라지겠지만요." 그 말씀이, 글자 그대로는 아니더라도 지금까지 내 마음에 생생하게 남아 있다. 이후에도 종종 그분이 전해 주신 지혜로운 조언을 독자와 나누고 싶다는 소망이 이 책을 쓰게 된 첫 번째 동력이다.

오랜 세월 아이들을 만나 온 랑겐 선생님은 초기 아동기의 힘이 언젠간 사라진다는 사실을 잘 알고 계셨다. 교생 실습으로 공립 학교에서 수업 참관을 할 때, 아침에 등교하는 저학년과 고학년의 표정이 크게 다르다는 사실이 랑겐 선생님의 눈에 들어왔다. 활짝 웃으며 행복하게 교문을 들어오는 저학년 아이들과 달리 고학년들의 얼굴은 아픈 게 아닐까 싶을 정도로 창백하고 표정은 멍했다. 학교를 다니는 과정에서 그 이이들이 내면의 가장 멋진 힘을 잃어버렸음을 깨달은 선생님은 정말 교사가 되어야 할지를 두고 심각한 고민에 빠졌다. "이 문제를 두고 한창 마음이 무겁고 머리가 복잡할 때 우연히 루돌프 슈타이너의 강의에 참석했어요. 거기서 아주 놀라운 경험을 했답니다. 슈타이너 박사가 원래 강의 주제를 살짝 벗어난 얘기를 하는데, 당시에 내가 심각하게 고민하던 그 문제에 직접 답해 주고 있다는 느낌을 받은 거예요. 그분은 땅 위를 유유히 흐르던 강줄기가 어느 순간 땅속으로 사라진 것처럼 보이는 경우가 있다는 이야기를 하셨어요. 하지만 그 강줄기는 사라지지 않고 결국엔 어딘가에서 다시 나타나 계속 흘러간다고요. 그러면서 그런 자연 현상을 인간의 영혼 발달과 비교해 주셨습니다. 인간 내면의 힘도 어느 순간 사라진 것처럼 보이지만 언젠가 변형된 형태로 다시 나타난다는 거예요."

그 강의에서 큰 위안을 얻은 랑겐 선생님은 루돌프
슈타이너의 가르침에 따라 수업을 하기 시작했다. 그리고
아이들이 잃어버렸던 상상의 힘이 발도르프 교육학을 통해
어떻게 다른 모습으로 되돌아오는지를 경험했다.
"9~10세 사이에 아이는 큰 변화를 겪습니다. 9세는 이갈이와
사춘기의 중간입니다. 눈에 띄는 신체 변화를 동반하는
이갈이와 사춘기 발달은 이미 잘 알려져 있습니다. 하지만
9세의 발달, 루돌프 슈타이너가 종종 '인생의 전환기'라
불렀던 이 사건은 주로 아이의 영혼-정신 측면[3]에서
일어납니다. 밖으로 드러나지 않는다고 해서 덜 중요하다는
의미는 전혀 아닙니다. 오히려 이 사건은 한 사람의 생애에서
더할 나위 없이 중요한 전환점으로, 현재의 어떤 것은

---

3 루돌프 슈타이너 『인간에 대한 정신과학적 앎의 관점에서 나온 교육 방법론 실재Die
pädagogische Praxis vom Gesichtspunkte geisteswissenschaftlicher
Menschenerkenntnis. Die Erziehung des Kindes und jüngerer Menschen』
(GA306) 5장

소멸하고, 새로운 것이 탄생합니다."
필자가 진심으로 존경하는, 귀한 가르침을 아낌없이 전해
주신 랑겐 선생님은 1970년에 73세 나이로 세상을 떠났다.
그렇지만 부모와 교사에게 그분께 받은 영감을 조금이라도
나누고자 이 책을 쓰는 동안, 선생님의 선한 정신이 길잡이
별로 함께해 주시는 것을 느낄 수 있었다. 선생님께 무한한
감사를 담아 이 책을 바친다.

1982년 미카엘 축일에 도르나흐에서

9살 아이들

아이들 부모님과의 대화[4]

피터

3학년이 시작되면 담임 교사에게 가정 방문 요청이 부쩍 늘
어난다. 아이의 달라진 모습을 이해하고, 아이들에게 정말 무
슨 일이 벌어지고 있는지 알고 싶기 때문일 것이다.

　첫 번째 가정 방문에 나선 교사는 길을 걸으면서 오늘 아
침 피터가 인사하던 모습을 떠올렸다. 피터는 파란 눈에 금
발 머리, 코끝에 주근깨가 난 체구가 큰 남자아이다. 피터는

4　'아이들 부모님과의 대화' 내용은 9살 전환기의 본질적인 특징을 가정 방문이라는
　형식을 통해 자유롭게 각색한 것이다. 살아 있거나 사망한 실존 인물과의 유사성은 전혀
　의도하지 않은 우연의 일치에 불과하다.

평소처럼 활기 넘치는 태도로 인사를 하며 교실에 들어섰다. 한 걸음 내딛을 때마다 피터는 발을 '집어 던지는' 것처럼 걸었다. 신발이 너무 크거나 무거운 게 아닐까 싶었지만 신발에는 아무 문제가 없었다. 그것은 피터가 땅과 자신을 연결하는 데 어려움을 겪고 있음을 보여 주는 걸음걸이였다. 인사하는 태도는 자연스러웠지만, 최근 들어 교사와 악수를 할 때 손을 꼭 잡고 힘껏 흔들면서도 눈길은 살짝 옆으로 피했다. 교사가 부드럽게 손을 잡은 채 가만히 기다리면 그제야 시선을 맞추며 인사를 했다. 그러고 나면 곧바로 친구들에게 달려가 큰 소리로 신나게 이야기를 나누었다. 모든 아이가 그렇듯 피터의 친구들도 상대의 약점을 봐주는 법 없이 예리하게 꼬집었다. 친구들이 피터에게 붙인 별명은 '찡그리'다. 가끔씩 자기도 모르게 얼굴을 씰룩거렸기 때문이다. '똑똑이'라는 별명도 있었다. 비판적인 발언을 자주 하는데, 가끔은 수업 중에도 당돌하게 그런 말을 하기 때문이다. 그런 모습들이 있다 해도 피터는 명랑하고 솔직 담백한 아이였다.

피터는 맏아들로, 남동생 둘과 여동생 하나가 있다. 가정 방문 날 둥근 식탁에 모두가 둘러 앉아 저녁을 먹을 때, 피터는 교사 바로 옆에 앉았다. 이런 특별 대접에 어깨가 한껏 으쓱해졌지만 피터는 밥 먹는 내내 한마디도 하지 않았다. 식사가 끝나고 아이들은 식탁을 치웠고, 아버지가 눈짓을 하자 모두 "안녕히 주무세요." 인사를 한 뒤 방을 나갔다. 어머니도 설거지를 하러 자리를 뜨자 아버지는 기다렸다는 듯 교사를 향해 돌아앉으며 물었다. "대체 우리 아들이 왜 갑자기 그렇게 비판적이 된 겁니까?"

"피터의 비판적 태도는 나이와 상관이 있습니다. 9살 초반 아이들에게서 흔히 나타나는 태도입니다. 최근까지도 피터는 주변에서 일어나는 일에 그대로 반응하는 유아적 모방 단계에 머물러 있었습니다. 그 단계에서 아이들은 주변 세계와 꿈꾸듯 하나로 연결되어 있습니다. 그러다가 9살에 들어서면서 모든 게 달라집니다. 이 시기 아이들은 인생에서 아주 중요한 문지방 하나를 넘는 중이라고 말할 수 있습니다. 꿈꾸는 상태에서 깨어나 처음으로 또렷한 의식을 갖고 주변 세상을 보기 시작합니다. 이 지각 변동의 뿌리는 사실 내면에 있습니다. 이때 아이들은 자신의 자아를 깊고 강렬하게 체험합니다. 그 결과 새로운 관찰자의 시선으로 세상을 바라보게 됩니다.[5] 주변에서 벌어지는 사건들의 배후에 존재하는 사고를 이전보다 훨씬 분명하게 따라갈 수 있고, 지금까지 인식하지 못한 수많은 일이 눈에 들어오기 시작합니다.

---

5 루돌프 슈타이너 『인간에 대한 앎의 교육학적 가치와 교육학의 문화적 가치Der pädagogische Wert der Menschenerkenntnis und der Kulturwert der Pädagogik』(GA310)

　이 의식 각성은 고요한 경외심을 느낄 수 있는 능력으로 이어지기도 하지만, 비판하고 지적하는 경향을 낳기도 합니다. 주변 사람의 터무니없거나 어리석은 행동이 이제 선명히 눈에 들어오기 때문입니다. 이 아이들의 비판이 자주 핵심을 빗나간다는 건 별개의 문제입니다. 관찰한 사건들의 내적 관계를 파악하는 힘이 아직 미숙하며, 한참 더 성장해야 하는 상태이기 때문입니다. 그런 연관성을 능숙하게 파악하기에는 인생 경험 역시 아직 터없이 부족하지요. 그래서 예를 들어 아버지는 외출용 신발을 그대로 신고 있을 때가 있는데 아이들은 집에 돌아오는 즉시 실내화로 갈아 신어야 한다면 이를 대단히 불공정한 처사로 여깁니다. 아버지는 깜빡 잊어버렸거나, 금방 다시 나갈 일이 있어서, 혹은 비가 오지 않아 신발이 깨끗하기 때문에 일부러 안 갈아 신었거나 등등 나름의 이유가 있지만 아이는 그런 사정을 고려하지 않습니다.”

　“그러니까 선생님께서는 요즘 피터의 비판적인 태도가 단순히 나이 때문이라고 보시는 건가요?”

　“본질적인 관점에서는 분명히 그렇습니다. 이 나이 아이들은 더 이상 어른을 거역할 수 없는 우월한 존재로 보지 않습니다. 마음 깊은 곳에서 이런 질문이 솟아납니다. ‘어른들은 어떻게 이 모든 걸 다 알게 되었을까?’ 대부분 무의식 영역에 감추어진 그 질문에는 ‘진짜로 어른들은 모든 걸 다 알까?'라는 의심이 숨어 있습니다. 남자아이들은 그런 의심이나 비판을 쉽게 입 밖으로 드러내지만 여자아이들은 속으로만 생각할 뿐 말이나 행동은 자제하는 편입니다."

여기까지 말한 뒤 교사는 조용히 생각에 잠겼다. 그는 속으로 자문하고 있었다. 매사를 지적하고 비판하는 피터의 태도가 정말 단순히 나이 때문일까? 9살 전환기에 주변 환경의 편향성이나 문제점이 수면 위로 올라오는 경우도 많다. 혹시 피터도 그런 걸까? 생각해 보니 아까 저녁 식사 때 아버지가 한 말은 주제가 무엇이든, 깊은 생각 없이 즉흥적으로 나온 말이건 아니건 최종 결정으로 받아들여지던 것이 생각났다. 아버지의 태도가 가족 전체의 분위기를 좌우했다. 지시를 하면 아이들은 군소리 없이 즉시 실행에 옮겼다. 권위를 상징하는 보이지 않는 둘째 손가락을 항상 치켜들고 있는 것 같은 느낌이었다. 게다가 아버지의 지시는 항상 외적인 요소들을 향하고 있었다. 내면은 애초부터 고려 대상이 아닌 것 같았다. 사실 가정 상황을 보면 충분히 이해할 수 있었다. 6명의 배고픈 입을 먹이고 돌보려면 돈을 벌고 생계를 꾸리는 것이 매일의 주된 관심사가 될 수밖에 없지 않은가. 아버지도 어머니도 책 읽을 짬이라곤 없었고, 유일한 음악은 라디오뿐이었다.

이 모든 정황을 갑자기 선명하게 파악한 교사는 고민에

빠졌다. 이런 이야기를 솔직하게 털어놓아도 괜찮을까? 아이들에게서 주변 어른의 특성이 자주 반영된다는 얘기를? 아버지를 비난하고 싶은 생각은 전혀 없다. 하지만 현재 상황에서는 부모가 자기 모습을 깨닫는 것이 중요한 문제였다.

피터의 아버지는 지금도 아들의 비판적 발언을 전혀 수용하고 있지 않다. 그런데 가족도 아닌 외부인이 자신의 태도에 문제가 있다는 식으로 말하면 어떤 반응을 보일까? 교사는 이 대화의 성패가 근본적으로 피터 아버지의 협조에 달려 있음을 깨달았다. 하지만 당장은 무슨 말을 어떻게 해야 할지 몰랐고, 생각이 난다 하더라도 그 말을 꺼낼 용기가 없었다. 교사는 스스로 자기 인식은 어떤 수준인지 돌아보면서, 자기라면 그런 비판에 어떻게 반응할지를 곰곰이 생각해 보았다. 하지만 양심상 아무 말도 하지 않고 오늘 면담을 마무리할 수 있을까? 아이를 위해 솔직하고 열린 태도로 할 말을 해야 하지 않을까? 부모도 교사에게 어떤 답변을 기대하고 있지 않을까? 이렇게 망설이는 건 결국 비겁함에 불과한 게 아닐까?

교사가 간신히 마음을 다잡고 입을 열려는 순간, 피터의 아버지가 한발 빨랐다. 피터의 아버지는 미소를 띠며 말했다. "그 녀석이 매사에 아는 척하고 지적하는 태도를 저한테 배운 것 같습니다. 직장에서 맡은 일이 다른 사람의 업무를 감독하는 역할입니다. 아무래도 지적하고 비판하는 말을 할 때가 많습니다. 그런 습관이 피터에게 영향을 미쳤을 수도 있겠다 싶은데 선생님 생각은 어떠신가요?”

걱정했던 상황은 호탕한 웃음으로 마무리되었다. 피터의 어머니는 차와 후식을 내왔고, 교사는 찻잔 놓는 것을 거들었다. 어머니가 차를 따르는 동안 교사에게 피터의 또 다른 모습이 떠올랐다.

사사건건 꼬투리 잡고 비판하는 모습만 있는 것이 아니라 눈물도 많았다. 9살인데도 아직 걸핏하면 눈물을 뚝뚝 흘렸다. 대조적인 두 모습은 아이가 아직 내면 깊은 곳, 내적 경험 속으로 들어가지 못함을 보여 주고 있지 않은가? 결국 본질적인 문제는 아이의 영혼생활을 어떻게 육성하는가에 있었다. 교사는 에두르지 않고 단도직입적으로 이 문제를 제기해야 한다고 느꼈다.

“피터에게 이야기를 들려주시나요?” 어머니에게 질문을 던졌다. “저 나름대로는 애써서 들려주었어요.” 어머니는 힘주어 대답했다. “하지만 한 번도 성공한 적이 없어요. 제일 좋다는 동화를 찾아 들려주었는데 얼마 전엔 딱 잘라 이렇게 말하더군요. ‘전 동화는 싫어요. 진짜 이야기를 듣고 싶어요.’ 어느 날 식사 시간에는 이런 말도 했어요. ‘이 식탁은 진짜 나무가 아니라 그냥 합판이에요.’ 요즘 들어 매사에 진짜인지 아닌지를 얼마나 따지는지 몰라요. 지어낸 이야기에는 더 이상 귀를 기울이지 않아요.”

교사는 한동안 피터네 가족에게 신경을 쓰지 못했던 것을 자책했다. 아이에게 동화를 들려주라고 조언한 것이 벌써 2년도 더 된 일이 아닌가. 그 후로 피터에게 정말 많은 변화가 있었는데 말이다.

“맞아요. 동화는 더 이상 피터에게 적절하지 않습니다.” 교사는 어머니의 말에 동의했다. “이미 9살의 문지방을 넘어섰기 때문입니다. 그 나이 아이에게 동화를 들려주는 건 오히려 성장에 방해를 초래할 수도 있습니다. 동화 속에서 아이들은 세상과 사실상 천국에서와 같은 합일을 이룹니다. 모든 것이 서로의 마음을 이해하고 소통하는 세상이지요. 하지만 9살 전환기 이후에는 더 이상 세상을 내부에서 체험하지 못합니다. 사물들 사이의 은밀한 속삭임이 들리지 않고, 사물이 보여주는 내면의 진실을 이해할 수 없습니다. 이제 아이는 세상을 외부에서, 신비로운 침묵에 싸인 상태로 바라봅니다. 마음속에서 온갖 질문이 깨어납니다. 아이는 이제 진짜 세계를 알고 싶어 합니다.”

“우리가 더 이상 이야기를 들려줄 필요가 없다는 말씀이신가요?” 어머니가 물었다. “동화는 시기가 지났지만 다른 이야기는 아주 좋습니다. 지금 피터의 관심사는 세상 사물들 간의 연관성입니다. 예를 들어 농장의 일과, 농부가 무슨 일을 어떻게 하는지, 산이나 숲속 생물들 이야기, 사람들이 일터에서 하는 일에 관한 이야기라면 즐겁게 귀를 기울일 겁니다."

"그건 아이를 외부 세상으로 향하게 만드는 것 아닌가요?" 어머니와 교사의 대화를 조용히 듣기만 하던 아버지가 질문했다. "제 기억이 정확하다면 지난번 면담 때 선생님께서는 피터가 환상 속에서 많은 시간을 보내야 한다고 하셨습니다. 아이의 내면세계와 관련해서 그 말씀을 하셨던 기억이 납니다."

"동화의 진정한 목적은 아이가 세상을 만나도록 준비시키는 것입니다. 동화는 잠에서 깨기 직전에 꾸는 꿈과 같은 것으로, 아이가 세상을 지상적 실재성 그대로 볼 수 있도록, 그 속에서 무엇이 선이고 악인지, 무엇이 유익하거나 거짓인지 분간하도록 도와줍니다. 하지만 피터는 이미 그 단계를 지났고, 이제는 상황이 완전히 달라졌습니다. 지금은 빵을 먹으면서 빵 굽는 법, 방아 찧는 법, 추수하는 법을 포함한 전 과정을 알고 싶어 하는 단계입니다."

"아이들이 식탁에 빵 부스러기를 흘리거나 남은 빵을 함부로 버릴 때는 어떻게 해야 할까요?" 어머니가 얼른 끼어들었다. "저는 그런 태도를 질색하는데 좋은 방법이 있을까요?"

　"아이와 함께 수동 맷돌로 밀을 빻아서 빵을 구워 보세요. 그리고 함께 산책을 하다가 곡식이 여물어 가는 들판을 만나면 아이에게 이런 이야기를 들려주세요. '여기 보렴, 이 작은 알곡 하나하나는 태양이 구워 주는 작은 빵이란다. 전에 같이 빵 만들었던 거 기억나지? 그때 물이랑 공기, 불이 필요했었잖아. 그건 사실 자연이 비와 바람, 태양의 온기로 하는 일을 사람이 따라 한 거란다. 그러니까 빵을 굽는 일은 자연의 창조 행위와 다를 바 없이 귀하고 특별한 일인 기야.'"

　"아이가 음식을 귀하게 여기는 마음이 없을 때는요? 그럴 땐 어떻게 해야 하지요?" 어머니는 한숨을 쉬며 다시 물었다.

　"우리가 어떻게 곡식을 빵으로 만드는지, 곡식이 어떻게 햇빛 속에서 익어 가는지를 생각해 보세요. 햇빛은 세상 만물을 자라게 하고 우리를 창조주에게 이르게 하는 힘입니다. 빵에 깃든 힘, 우리를 살아 있게 하는 양분이 바로 햇빛입니다. 이건 감상적인 신앙심과는 아무 상관없는 사실입니다. 우리가 정말 이런 생각을 가지고 식사 전에 감사 기도를 드린다면 아이는 그것을 느낄 수 있을 겁니다.

알곡에서 빵이,

빛에서 알곡이,

신의 얼굴에서

빛이 탄생합니다.

지상의 열매는

신의 광채에서 태어나며,

빛을 가져다줍니다.

내 마음 깊은 곳에도

아이가 이 기도의 의미를 마음으로 체험하면 더 이상 빵을 함부로 대하지 않을 거예요. 혹시 그랬다 해도 벌로 저녁을 굶는 것을 부당한 처사라고 느끼지 않을 겁니다."

어머니는 잠시 생각한 다음 대답했다. "방금 말씀하신 부분을 그동안 저희가 중요하게 고려한 적이 별로 없었다는 생각이 드네요. 우리 둘 다 피터의 감정을 소홀히 여겼고, 아이도 그걸 느꼈던 것 같습니다. 저는 9살 때 『산 위의 농부』라는 이야기를 읽은 적이 있어요. 가을을 알리는 안개에 이어 겨울의 추위가 찾아옵니다. 겨울이 깊어져 눈이 많이 쌓이면 농부는 꼼짝없이 집 안에 갇혀서 눈이 녹기를 기다려야 해요.

농부들은 작은 유리창 너머로 봄이 오기를 기다리고, 소들은 아늑한 외양간에서 겨울을 납니다. 그러다가 봄 햇살에 눈이 녹기 시작하면 제비꽃과 앵초가 눈 속에서 고개를 내밀어요. 소들은 다시 산 위로 풀을 뜯으러 올라가고, 여름이 깊어지면 농부는 일꾼들과 함께 더 높은 곳으로 올라가 건초를 만들 풀을 베어 옵니다. 어느 날 문득 '농부는 어떤 일을 하는 사람이지?' 하는 질문이 떠올랐는데, 그 이야기를 읽고 농부는 항상 태양을 따라다니는 사람이라는 상이 떠올랐어요. 거울에 해가 낮아지면 집 안으로 들어가고, 해가 높아지면 농부도 해를 따라 점점 높은 곳으로 올라가는 거지요. 그 깨달음은 제게 아주 특별하고 강렬한 체험이었어요. 그런데 정작 어느 날 선생님이 제게 '농부는 어떤 일을 할까?'라고 질문을 하셨을 때는 어떻게 대답해야 할지 몰라 쩔쩔맸던 기억이 나요. 내면에서 강렬하게 체험한 것을 말로 옮기는 방법을 몰랐던 거지요. 지금 피터도 그런 상태일 것 같아요. 겉으로는 별말 하지 않아도 속에서는 아주 많은 느낌과 생각이 벌어지고 있을 거예요. 그동안 우리가 그런 측면에는 크게 신경 쓰지 않았고, 피터가 말하지 않는 부분을 깊이 들여다볼 생각도 하지 못했어요."

피터의 어머니는 '말하지 않는 부분'과 '못했다'에 특히 힘을 주어 말했다. 아들을 향한 미안함과 걱정을 느낄 수 있었다. 어머니는 한동안 아무 말도 하지 않고 가만히 생각에 잠겼다.

그때 아버지가 입을 열었다. "저는 9살이던 3학년 때 친구들과 함께 『로빈슨 크루소』를 읽었습니다. 엄청난 책이었어요! 저와 친구들은 당장 나무 위에 오두막을 짓고 생존에 필요한 물건들을 가져다 놓았습니다. 그리고 시간이 날 때마다 그곳에 모여 로빈슨 크루소처럼 생활을 했습니다."

그 말을 듣는 순간, 교사는 루돌프 슈타이너가 대니얼 디포Daniel Defoe의 『로빈슨 크루소』를 아이들에게 권하지 말라[6]고 했던 이유를 분명히 이해할 수 있었다. 그 책에서 묘사하는 삶의 방식이 아이들의 영혼에 뿌리내리면 인생을 혼자 힘으로 살아남으려는 태도가 우선순위에 놓이게 된다. 이는 모든 사람의 운명에서 활동하는 정신적 인도에 대한 신뢰가 조금씩 무너지는 결과를 초래한다. 운명의 힘에 대한 믿음이야말로 결코 잃어서는 안 되는 것이며, 되도록 9세에 꼭 경험해야 하는 느낌이다.

교사는 이 점을 이야기해야겠다고 마음먹었다. "아시겠지만 요즘 3학년 아이들은 수업 시간에 『구약 성서』의 요셉

6　루돌프 슈타이너 『정신과학을 통한 교육 방법론적 예술의 갱신Die Erneuerung der pädagogisch-didaktischen Kunst durch Geisteswissenschaft』(GA301) 14장

이야기를 듣고 있습니다. 형들은 요셉을 팔아넘기지만 오랜 세월이 흐른 뒤 요셉은 어려움에 처한 형들을 돕지요. 요셉이 그렇게 할 수 있었던 건 이기적이지 않고 정직한 성품이 한몫을 했지만, 그의 운명을 이끄는 손길이 있었기에 가능한 일이었습니다. 이 힘이 어떤 역할을 했는지는 요셉의 꿈에서 잘 드러납니다. 이런 이야기를 듣고 자란 아이는 인간의 생각과 능력을 뛰어넘는 더 큰 힘에 대한 깊은 신뢰를 갖게 되며, 눈에 보이는 영역 이상의 더 큰 맥락을 볼 수 있는 시김으로 성장합니다.

반면, 『로빈슨 크루소』는 아주 다른 상을 제시합니다. 문장으로 명시되어 있지는 않지만, 소설 전체를 선명하게 관통하는 질문은 '어떻게 하면 혼자 힘으로 잘 살아갈 수 있는가?'입니다. 뛰어난 재주로 모든 문제를 해결해 나가고, 당장이라도 따라 하고 싶게 그 과정이 묘사되어 있습니다. 하지만 여기엔 위험이 도사리고 있습니다. 그 측면이 지나치게 강조되었기 때문입니다. 물론 모든 사람이 어느 정도는 혼자 힘으로 문제를 해결할 수 있어야 하지만, 타인을 돕거나 타인의 도움을 전혀 받지 않고 살아갈 수 있는 사람은 없습니다. 사실 로빈슨 크루소도 마찬가지입니다. 그가 사용한 총과 화약, 도끼, 칼은 어디서 났습니까? 총 기술자, 대장장이, 목수가 만들지 않았다면 그는 무인도에서 목숨을 부지할 수 없었을 것입니다. 대니얼 디포의 소설은 우리가 살아가기 위해 꼭 필요한 사회적 연결망을 간과하고 있습니다. 아이들이 책을 읽고 그렇게 살기를 동경한다면 문제가 될 수 있는 것이, 그 나이 아이들이 진정으로 원하는 것은 가장 넓은 의미에서 주변 세상 및 인간관계 속으로 들어가는 것이기 때문입니다. 아이들은 세상을 알고 싶어 합니다."

"그건 오해입니다." 아버지가 반박했다. "나무 위에 오두막을 짓고 놀면서 저는 형제와 다름없는 소중한 친구들을 얻었습니다. 나무 다루는 법이며 집짓기처럼 실용적이고 쓸모 있는 기술도 많이 배웠습니다. 우리에겐 로빈슨 크루소 놀이가 많은 사람을 만나고 세상을 이해하게 해 준 길이었습니다."

"맞아요." 피터의 어머니가 남편을 거들었다. "집짓기며 만들기는 그 또래 남자아이들에게 정말 좋은 놀이지요. 얼마나 재미있었을지 짐작이 가요. 하지만 선생님이 지적하신 부분도 맞는 말씀입니다. 로빈슨 크루소는 모든 일을 혼자 해결하며 살았어요. 주변 세상과 단절된 채 자기만 돌보며 살아가는 현대인의 원조 같은 인물이었죠. 사실 그 소설은 일종의 가설이에요. 살아 보면 알겠지만 세상일이 그런 식으로 굴러가지 않잖아요. 요셉의 운명처럼 예상치 못한 방향으로 흘러가고, 다 끝난 뒤에야 그 모든 사건의 진정한 의미를 이해할 수 있지요. 선생님도 이 점을 말씀하신 것 같은데 그런가요?"
어머니는 교사를 보며 말했다.

"물론 소설은 소설일 뿐이죠." 아버지는 더 이상 반박하지 않았다. "하지만 이 점만큼은 분명히 해 두고 싶습니다. 이 나이 남자아이들에게는, 사실 여자아이들도 마찬가지지만, 구체적이고 실용적인 일이 정말 필요합니다. 언젠가는 모두 교실을 벗어나 현실을 살아야 할 테니까요. 큰 틀에서 인생이 요구하는 바를 올바로 부여 주지 못하고 지식만 순다면 지나치게 협소한 교육이 되고 말 겁니다."

교사는 진심으로 동의했다. 삶과 올바른 관계를 맺지 않은 채 추상적 이론만 배우는 것이 얼마나 위험한지를 너무도 잘 알고 있었기 때문이다. 내가 아이들과 못 박기, 톱질하기, 집짓기, 밭 갈기, 빵 굽기를 같이 하면 어느 한쪽으로 치우치지 않은 아름다운 내적 균형을 이루는 데 도움이 되지 않을까?

피터는 평소에 좀 덜렁거리는 편이지만 실용적인 일을 할 때는 언제나 선뜻 나서서 최선을 다하지 않는가! 내가 피터와 그런 일을 함께하면 우리 관계가 지금보다 더 좋아질 수도 있을 거야. 어쩌면 (물론 아직은 알 수 없지만) 공책 정리도 조금씩 달라질지도 모르지.

이런 생각을 하고 있을 때 피터의 어머니가 차를 더 권했지만 교사는 사양했다. 마음이 좀 복잡했기 때문이다. 피터 아버지의 말을 듣고 떠오른 생각을 어떻게 구체적인 행동으로 옮겨야 할지 아직 분명한 계획이 떠오르지 않았다.

"제 생각에는," 교사가 말없이 생각에 잠겨 있자 아버지가 먼저 입을 열었다. "실생활에서 쓸모 있는 일을 하는 것도 중요하지만, 어디서부터 시작할지, 언제가 적절한 때인지를 아는 것도 그 못지않게 중요할 것 같습니다. 마침 며칠 전에 아들 녀석이 제게 전기가 어떻게 생산되느냐고 물었는데 이럴 때 어떻게 대답해 주면 좋을까요?"

교사는 잠시 생각한 다음 대답했다. "피터는 자전거 발전기를 본 적이 있습니다. 그러니 저라면 이렇게 설명할 겁니다. '보세요, 자전거 바퀴를 돌리니까 전기가 만들어지지요? 자세한 작동 원리는 몇 년 후에 배우게 될 거예요. 이 정도의 약한 전류는 자전거만 돌려도 만들 수 있어요. 그럼 훨씬 더 강한 전류를 많이 생산하려면 어떻게 해야 할까요? 그래요, 아주 커다란 바퀴가 필요하겠지요. 그럴 때는 터빈이라고 부르는 커다란 바퀴를 물의 힘으로 돌려서 전기를 만든답니다.' 그런 다음에는 수력에 대해서, 특히 산에 댐을 만들어 물을 가두었다가 떨어지는 힘을 이용하는 방식을 설명해 줄 겁니다.

그렇게 하다 보면 결국 태양이 모든 에너지의 근원이라

는 사실에 이르게 되고, 아이들은 세상의 다른 많은 것처럼 전기 역시 형태만 다를 뿐, 결국은 태양의 힘이라는 느낌을 갖게 될 겁니다. 과학 기술과 관련한 모든 질문에 대해 자연과의 연관성을 확립해 주어야 합니다. 인간이 만든 과학 기술 중에 자연에서 비롯되지 않은 것은 하나도 없기 때문이지요. 학년이 올라가면서 아이들은 조금씩 과학 기술의 세계로 들어갑니다. 6학년 때 시작하는 물리학 수업이 출발점이 되긴 하지만, 이런 기술적 차원의 과학 수업은 14살 이후에야 그 결실을 맺을 수 있습니다.

하지만 아버님 말씀도 분명히 일리가 있습니다. 요즘 아이들은 아주 어릴 때부터 기계나 과학 기술에 큰 관심을 보입니다. 철도 노동자의 아들인 루돌프 슈타이너는 9살 이전의 아이들에게 기관차나 전차의 기계적 작동 원리를 가르치는 것은 말할 수 없이 끔찍한 일이라고 했습니다. 그것은 아이의 유기체를 뾰족한 바늘로 찌르는 것과 같은 행위라고요. 모든 과학 기술의 성취가 자연에서 어떻게 천천히 그리고 힘들게 얻어졌는지를 아이에게 보여 주는 것은 완전히 다른 접근 방식입니다.[7]

---

7   루돌프 슈타이너 『인간의 건강한 발달Die gesunde Entwickelung des Menschenwesens』(GA303) 10장

인간은 과학 기술로 광물, 식물, 동물이라는 자연계의 세 영역에 한 영역을 추가했습니다. 이 세 영역은 모두 (물론 광물계는 다른 두 영역을 통해서) 생명과 소멸의 법칙을 따르지만 과학 기술에서 나온 것은 전부 처음부터 죽은 상태입니다."

아버지는 동의했다. "정말 그렇습니다. 오늘날 과학 기술은 말하자면 독단적으로 존재하고 있습니다. 이것이 인간이 자연과 점점 더 멀어지고 있는 이유입니다. 이는 사실상 자업자득입니다. 인간이 아니었으면 생명과 지구를 파괴하는 과학 기술이라는 것이 애초에 존재하지 않았을 테니까요. 우리는 돌아가야 합니다. 자연에서 멀어지는 걸음을 멈추고 다시 자연을 발견해야 합니다. 교육에서도 이 점이 아주 중요하게 고려되어야 한다고 생각합니다. 따라서 9살 아이들은 무엇보다 먼저 자신을 이해할 수 있어야 합니다. 그건 과학 기술을 통해서는 결코 배울 수 없는 내용이기 때문입니다. 생명이 전혀 깃들어 있지 않은 이러한 과학 기술은 인류가 스스로의 근원에서 멀어지도록 끊임없이 유혹합니다. 우리는 이 사실을 아이들의 모습에서 알아볼 수 있습니다. 예를 들어 TV가 아이들에게 어떤 영향을 미치는지를 보면 됩니다."

어머니가 덧붙였다. "아이들은 과학 기술에 빠져들기 전에 정원에서 기쁨을 느끼고 자연을 사랑할 수 있어야 한다고 생각해요. 함께 텃밭에서 일을 하면 저녁에 피곤해도 기분은

정말 상쾌하지요. 들꽃이 흐드러지게 핀 들판을 보면 기쁨이
차오르고요. 자작나무의 연둣빛 새순, 봄날의 파란 하늘에 뭉
게뭉게 피어오른 구름을 볼 때도 그래요. 어제는 어릴 때 외
웠던 시편이 문득 떠올랐답니다.

> 내 영혼아, 야훼를 찬미하여라.
> 야훼, 나의 하느님, 실로 웅장하십니다.
> 영화도 찬란히 화사하게 입으시고
> 두루마기치림 빛을 휘감았습니다.
> 하늘을 차일처럼 펼치시고
> 물 위에 궁궐을 높이 지으시고,
> 구름으로 병거를 삼으시고
> 바람 날개를 타고 다니시며,

(시편 제104편)

어렸을 때는 별로 마음에 와닿지 않았는데 지금은 완전
히 다른 의미로 다가오네요. 다윗의 시편에는 진정한 심장의
힘이 살아 있어요. 나중에 어른이 되었을 때를 위해 어릴 때
이런 걸 많이 배워 두는 것이 좋다고 생각합니다."

아버지가 말했다. "피터에 관해 한 가지 더 이야기하고
싶은 것이 있습니다. 매사에 훈수 두고 비판하는 경향성 말입

니다. 그 태도가 어디서 왔는지 알 것 같습니다. 저한테 영향을 받은 부분도 있지만, 한편으론 내적으로 충족감을 줄 수 있는 무언가를 찾고 있다는 생각이 듭니다. 아직 자기 내면에서 완전한 안정을 찾지 못했기 때문에요. 무슨 말인지 이해하시죠?"

"물론 이해합니다. 아버님 말씀에 전적으로 동의합니다. 저도 학교에서 피터와 이야기를 해 보겠지만, 9살 아이들은 부모님과의 대화 속에서 이런 문제의 돌파구를 발견하곤 합니다. 일상을 벗어난 다른 주제로 피터와 진지한 이야기를 나눠 보세요. 어머니와 아버지가 합의한 생각은 아이에게 대단히 강력한 영향을 미칩니다. 아이에게서 드러나는 불균형은 아버지와 어머니의 조화로 바로잡을 수 있습니다. 이건 모든 연령의 아이들에게 축복인데, 9살의 전환기에는 특히 그렇습니다."

"오늘 우리의 대화가 피터에게 큰 도움이 될 겁니다. 이렇게 어른들이 모여서 아이에게 음식이나 물만큼이나 꼭 필요한 것이 무엇인지 고민하는 시간을 갖고 나면, 아이에게 당장 변화가 일어나는 것을 자주 경험합니다. 가까운 시일 내에 또 만날 수 있으면 더욱 좋겠습니다."

집으로 돌아오는 길에 교사는 피터의 부모님과 한결 가까워졌다고 느꼈다. 그들은 자기 교육이라는 엄격한 잣대를 스스로에게 적용하는 사람들이었는데, 교사는 그것이 교육자에게 필수 전제 조건이라는 것을 너무도 잘 알고 있었다. 이런 이해가 바탕에 깔리자 피터 부모님에 대한 내적 친밀감이 크게 증폭되었다. 몇몇 난관이 있었지만 결국 교사와 피터의 관계는 크게 개선되었다. 그리고 바로 이 점이 9살 전환기에 있어 가장 중요한 요소다.

피터 아버지의 이야기에서 영감을 얻은 교사는 얼마 후 반 아이들과 함께 나무로 작은 집을 지었다. 완성되어 갈 무렵 아이들은 집에 문을 달아야 한다고 강력히 요청했다. 문이 없으면 세상과 단절해서 혼자 있을 수 없기 때문이다. 문을 만드는 것은 목공이 서툰 교사에게 쉬운 일이 아니었다. 하지만 솜씨 좋은 피터의 아버지가 도와주러 오셨다. "어릴 적 친구들과 만들었던 나무 집에도 문이 있었답니다." 피터의 아버지가 빙긋이 웃으며 말했다. "가죽으로 경첩을 만들어 문을 달았지요. 피터의 엄마가 선생님이 지난번 다녀가신 뒤로 피터가 많이 달라졌다는 말을 꼭 전해 달라고 했습니다. 제가 보기에도 정말 그렇습니다. 어쩌면 우리가 아이를 보는 눈이 달라진 것인지도 모르지요. 둘 다일 수도 있고요. 아무튼 한 가지는 분명합니다. 지금까지 완전히 숨겨져 있던 뭔가가 아이 내면에서 깨어났다는 겁니다."

모니카

피아노의 마지막 음이 희미하게 사라졌다. 어머니는 모니카를 재우러 들어가고, 아버지는 담임 교사와 피아노 방에 남았다. 드디어 속마음을 털어놓을 기회를 얻은 아버지가 입을 열었다.

"집까지 찾아와 주셔서 정말 고맙습니다. 솔직히 저희 부부는 요즘 모니카 때문에 걱정이 이만저만이 아닙니다. 선생님께서도 아시겠지만 모니카는 예민하고 재능이 아주 뛰어난 아이입니다. 적어도 음악에 있어서는 그렇습니다. 그런데 최근 들어 아이에게 어떤 문제가 생긴 것 같습니다. 뭔지 모르겠지만 상당히 마음이 쓰입니다. 단순한 감정 문제나 일시적 변화는 아닌 것 같습니다. 아내는 아주 이상한 광경을 목격할 때가 있다고 합니다.”

그사이 모니카의 어머니도 피아노 방으로 돌아와서 대화에 참여했다. “모니카의 상태를 단적으로 보여 주는 장면이에요. 얼마 전부터 생긴 정말 이상한 습관인데, 잠자러 방에 들어가서는 눕기 전에 반드시 침대 밑에 누가 있는지 살핀답니다. 그런 다음에는 침대 위에 놓인 이불을 살그머니 걷어 내요. 누가 누워 있기라도 한 것처럼 말이지요. 매일 밤 똑같은 행동을 되풀이하고 있어요.” “정말 이상하지 않습니까? 아이에게 무슨 일이 생긴 것이 분명합니다.” 아버지가 말했다.

“그뿐만이 아니에요. 저쪽 옷장 옆 복도에 큰 거울이 있는데, 모니카가 그 앞을 도저히 못 지나가겠다는 거예요. 피아노 방으로 가려면 거울을 지나서 복도 끝으로 가야 하는데, 엊그제는 자기가 피아노 방에 들어갈 때까지 거울이 안 보이도록 앞에 서 있어 달라고까지 했답니다.”

“꽤 큰 거울인데 아내가 앞에 섰더니 빈틈없이 잘 가려졌답니다. 정말 대단하지요?” 아버지가 농담을 했다. 아내의 부드러운 눈 흘김을 미소로 넘기면서 아버지는 말을 이었다. “지금은 아이가 신경 쓰지 않도록 거울 앞에 코트를 걸어 놓았습니다.”

교사는 진지하게 부모의 이야기에 귀를 기울였다.

"또 있어요. 얼마 전에 있었던 일도 말씀드리는 게 좋겠어요." 어머니의 말을 아버지가 이어받았다. "아내가 2층 창문 앞에 서 있었어요. 거기 있으면 거리 전체가 한눈에 내려다보이는데, 저쪽에서 학교에서 돌아오는 모니카의 모습이 보였대요. 처음엔 평소처럼 주위를 둘러보며 느긋하게 걸어오던 아이가 느닷없이 달리기 시작하더랍니다. 갑자기 정신이 나가거나, 누가 쫓아오기라도 하는 것처럼 말이지요."

"하지만 거리엔 아무도 없었어요. 쫓아오기는커녕 지나가는 사람도 없었다니까요." 어머니가 말했다. "현관까지 있는 힘껏 달리더니 허둥지둥 주머니에서 열쇠를 꺼내는데, 열쇠를 구멍에 제대로 넣지도 못하고 쩔쩔매더라고요. 간신히 문을 열고 집 안으로 뛰어 들어오더니, 뭐라고 했는지 아세요? 세상에, 어이가 없어서. 여기서부턴 당신이 말씀드려요. 당신도 옆에 있었잖아요." 어머니는 아버지에게 말했다.

"처음엔 발을 쾅쾅 굴렀습니다. 그러더니 작게 혼잣말로 '이제 살았어, 됐어.'라고 말하는 거예요. 이상하지 않나요? 정상이라고 생각하세요?" 아버지는 걱정스러운 눈으로 교사를 바라보았다.

교사는 잠시 동안 말없이 생각에 잠겼다가 입을 열었다. "일반적인 언어로 설명하기는 어렵습니다. 하지만 이런 문제로 걱정하는 부모님이 드물지 않다는 사실이 좀 위로가 될지도 모르겠습니다. 모니카처럼 9~10살 전환기를 넘어가는 아이들은 가끔 그런 모습을 보입니다."

"좀 더 자세히 설명해 주시겠습니까?" 아버지가 말했다.

"이 시기 아이들은 일종의 문지방 앞에 서 있습니다. 초기 아동기와 새로운 시기 사이의 경계 지역에 들어서면서 지금껏 알지 못했던 새로운 인상을 경험합니다. 주변 세상이 불현듯 선명한 의식으로 떠오릅니다. 한 번도 경험해 보지 못한 느낌이지요. 지금까지는 세상에서 벌어지는 일을 일종의 기분 좋은 꿈으로 체험해 왔습니다. 주변 어른들을 모방하면서 말이지요. 그 시기가 이제 끝났다는 사실을 모니카는 조금씩 깨닫고 있는 것입니다. 두 분이 관찰하신 건 모두 그 깨달음에서 비롯된 사건들입니다. 몇 가지 더 드리고 싶은 말이 있지만 요즘 세상이 요구하는 과학적 방식의 설명은 아닐 겁니다."

"괜찮습니다." 아버지가 말했다. "그런 염려 말고 편히 말씀해 주세요." 교사는 미소를 띠며 말을 이어갔다. "말하자면 이건 일종의 꿈을 해석하는 것처럼 하나의 사건에 대해 다양한 접근이 가능합니다. 제가 보기에는 두 분이 말씀하신 여러 사건에서 한 가지 측면이 반복해서 부각되고 있습니다. 모니카는 제가 앞서 말씀드린 문지방 혹은 두 세계의 경계를 아주 특별하게 경험하고 있는 것 같습니다. 그러니까 집과 외부 세계의 경계인 현관문, 혹은 낮과 밤의 경계 등 모든 문지방에 민감하게 반응하는 것이죠. 이 점은 어렵지 않게 알아볼 수 있습니다."

"그럼 거울은요?" 어머니가 물었다.

교사는 잠깐 동안 이 점을 고민해 보았다. "이것도 드물지 않게 일어나는 일입니다. 거울은 어디에나 존재하지만 아이가 받아들이기 어려워하는 물건 중 하나입니다."

"왜 그렇죠?"

"설명하긴 어렵습니다. 사실 어떻게 설명해야 할지 모르겠습니다. 하지만 아이가 거울에 비친 자기 모습에 불편함을 느낄 때 영혼 차원에서 무슨 일이 벌어지는지 미루어 짐작해 볼 수는 있을 겁니다. 모니카는 자신을 그런 식으로, 그러니까 껍데기로 마주하고 싶지 않은 것입니다. 지금은 아이의 자아가 처음으로 자기 운명을 자각하는 시기입니다. 이 문지방의 시기, 경계 지역에서 아이는 자신의 진짜 자아를 체험합니다. 그런데 거울에 비친 모습은 참자아의 조악한 캐리커처처럼 느껴지기 때문에 되도록 외면하고 싶은 것입니다."

"그런 행동 뒤에 이런 이유가 있을 거라곤 짐작도 못 했어요." 어머니는 곰곰이 생각에 잠겼다.

"그런데 이게 정말 나이와 상관있는 일이라면 다른 아이들도 비슷한 경험을 해야 하는 것 아닙니까? 다른 아이들도 그러나요?” 아버지가 반박했다.

“당연히 그렇습니다.” 교사는 고개를 끄덕였다. “물론 아이들마다 나타나는 양상은 저마다 다릅니다. 모니카의 행동은 사실 전혀 특이한 것이 아닙니다. 굳이 특별한 점을 찾자면 강도가 높다는 정도입니다. 모니카의 경우에는 그런 행동에서 보이는 감정의 진폭이나 흥분의 정도가 강하긴 합니다.”

“그러니까 다른 아이들도 정말 이런 일을 겪는다는 말씀이시죠?” 아버지는 한 번 더 강한 어조로 되물었다. 이때 모니카의 어머니가 끼어들어 다른 주제로 대화의 방향을 돌렸다.

“요즘 선생님께서 수업 시간에 들려주시는 이야기들이 모니카에게 얼마나 깊은 인상을 남기고 있는지가 생각났어요. 마음이 계속 그 이야기로 돌아가는 것이 얼굴만 봐도 알 수 있을 정도예요. 선생님이 해 주신 실낙원 이야기가 머릿속을 떠나지 않는 것 같아요. 수시로 저한테 와서 악이란 정말 뭐냐, 악은 어디서 오느냐, 왜 신이 악을 허용했느냐 같은 질문을 쏟아 낸답니다. 그러면서도 정작 제가 대답한 내용에는 별로 관심을 기울이지 않아요. 그저 마음속 질문을 털어놓을 대상이 필요했던 거죠. 그러고는 혼자서 계속 그 문제를 골똘히 생각해요."

"제가 실낙원 이야기를 들려주었을 때, 교실 전체가 쥐 죽은 듯 고요해졌어요. 아이들은 숨도 안 쉬고 이야기에 귀를 기울였습니다. 바늘 떨어지는 소리까지 들릴 정도였습니다. 두 분이 관찰하신 것처럼 이 시기 아이들은 선과 악이라는 주제에 크게 끌립니다."

"저는 아버님의 질문을 그냥 넘기고 싶지 않습니다." 교사는 아버지를 보며 이야기했다. "어떤 면에서 보면 모든 것은 서로 연결되어 있습니다. 오늘 아침에, 지금은 은퇴하신 선배 교사 게르다 선생님을 만났습니다. 70세가 되면서 장시간 글씨 쓰기가 힘들어지셔서 회고록을 위해 구술해 주시면 제가 받아 적는 작업을 하고 있습니다. 오늘 아침 작성한 원고가 마침 가방에 있는데 그중 한 대목을 읽어 드리고 싶습니다. 선생님이 9살 때 경험한 일입니다. '9살 되던 해에 나는 의미심장한 자아 체험을 했다. 마을에서 수업을 받고 돌아오는 길이었다. 갈아탈 전차를 기다리며 역에 서 있었는데, 순간 어떤 깨달음이 선명한 확신으로 떠올랐다. 내 앞에 인생 전체가 펼쳐져 있고, 그것을 이끌고 갈 사람은 바로 나 자신이라는 사실이었다. 그리고 그때부터 온전히 내 힘으로 헤쳐 나가야 할 일들이 있으리라는 사실도 분명히 느낄 수 있었다. 악에 맞서 싸워야 하리라는 점도 마찬가지로 명백했다."

원고를 다시 가방에 넣으면서 교사는 말했다. "게르다 선생님 때나 지금이나 9살 아이들은 동일한 발달 단계를 거칩니다. 그리고 두 분도 느끼셨겠지만 방금 읽어 드린 전차역 장면은 모니카가 겪고 있는 문지방 경험과 많은 면에서 일맥상통합니다. 대부분의 사람은 두 분처럼 자녀를 면밀히 관찰하지 않습니다. 아이의 영혼 깊은 곳에서 인생의 결정적 전환점이 형태를 갖추어 가고 있다는 사실을 알아보는 사람도 많지 않습니다."

"새로운 무언가가 모니카의 내면으로 들어가기 위해 애를 쓰지만 쉽지 않은 것처럼 들립니다. 대체 무슨 일이 진행되고 있는 건가요?" 아버지의 목소리에서 약간의 불안함이 묻어났다.

"맞습니다. 지금 들어오려고 애쓰고 있는 존재는 다름 아닌 아이의 자아입니다. 안타깝게도 이를 알아보는 사람은 소수에 불과하고, 이 과정을 격려하고 도와주는 경우는 그보다도 훨씬 적습니다. 한쪽에서는 아이의 자아가 들어오려 하고, 다른 한쪽에서는 찬란하고 아름다운 아동기가 떠나가고 있습니다. 아동기가 조금씩 시야에서 멀어지면서 아이의 내면에서 두려움이 몰려듭니다. 제가 시 한 편을 읽어 드리겠습니다. 동료 교사가 어릴 때부터 썼던 시를 모아 놓은 앨범에서 그분의 허락을 받고 옮겨 적은 것입니다. 9살 때 썼다고 합니다."

바닷속으로 태양이 가라앉는다, 이글이글 붉게 타오르며
바람 한 점 불지 않는다, 세상 만물이 숨을 죽이고 있다.
이제 태양은 절반이나 바닷속으로 가라앉았다.
하늘에는 작은 반짝임들, 아직도 붉게 타오른다.
이제 태양은 바다 아래로 완전히 가라앉았다.
하늘에서, 마지막 작은 불빛도 모두 사라졌다.
그리고 내 주변의 모든 사물은 텅 빈 잿빛.
내가 두 번 다시 볼 수 없게 된 태양처럼

　시를 다 읽은 교사는 부모를 바라보았다. 어머니는 바닥을 내려다보고 있었다. 과거에서 무언가를 떠올리려고 노력하는 것처럼 보였다. 아버지도 깊은 인상을 받은 것 같았다. 하고 싶은 말이 있지만 적당한 단어를 찾지 못하는 것처럼 보였다. 교사는 침묵을 깨고 물었다. "두 분은 9~10살 무렵에 어떤 경험을 하셨나요?"

　"그러잖아도 그 생각을 하고 있었어요." 어머니가 말했다. "맞아요. 이제 확실히 알겠어요. 아버지가 돌아가신 것이 바로 그때예요." 그러고는 다시 침묵 속으로 들어갔다.

　위로하는 눈길로 아내를 바라보던 모니카의 아버지가 입

을 열었다. "저도 마찬가지입니다. 그 시절에 대한 저의 기억 역시 죽음과 연결됩니다. 부모님께서 9살 생일 선물로 여름 방학 때 바다에 데려가 준다고 약속하셨습니다. 제 생일은 봄이라 고대하던 여름 방학이 왔을 때는 9살에서 4개월이 지난 때였습니다. 우리는 작은 섬에 갔습니다. 그곳에서 지내던 어느 날 목격한 장면이 아직도 눈앞에 생생히 떠오릅니다. 저는 아버지 곁에 서 있고, 주위에는 무거운 침묵이 내려앉은 사람들이 한 무리 있었습니다. 여러 명의 신원이 아주 무거운 쇠로 만든 관을 들고 우리 옆을 지나갔습니다. 그들은 관을 배에 싣더니 바다로 노를 저어 나갔습니다. 배가 점점 멀어져 작은 점처럼 보일 무렵 아버지가 말씀하셨습니다. '선원들이 관을 바다에 내리고 있구나. 선장은 바다 밑을 마지막 휴식처로 삼는 법이거든.' 그날의 충격은 잊을 수 없는 강렬한 기억을 남겼습니다. 그때까지는 사람이 언젠가는 관에 들어간다는 생각을 한 번도 해 본 적이 없었기 때문입니다."

아버지는 깊은 생각에 빠져들었다. 그를 불안하게 만드는 무언가가 내면에서 꿈틀대고 있는 것 같았다. 교사는 따뜻한 눈길로 아버지를 바라보았다.

"아까 선생님께서" 아버지가 평소보다 낮은 목소리로 주저하듯 입을 열었다. "아이 상태를 설명하시면서 이건 꿈을 해석하는 것과 같아서 다른 해석도 가능하다고 말씀하셨습니다." 복잡한 마음 상태가 고스란히 드러나는 얼굴로 아버지는 교사의 눈을 똑바로 바라보았다. "모니카가 침대 밑에서 찾는 미지의 존재는 뭘까요? 아이가 느닷없이 옆에 누가 있다고 느끼고, 그것을 피해 쏜살같이 집으로 달려오게 만드는 존재는 누구입니까? 대체 뭔가요? 그것이 선한 존재나 선한 정신일 수도 있을까요?"

"그렇게까지 생각할 필요는 없겠어요." 아내가 남편을 다독였다. "남편과 저는, 그러니까 기이한 현상 같은 걸 의심하고 있었어요. 오늘 선생님 말씀을 들어 보니 우리가 괜한 걱정을 한 것 같습니다. 당신도 그렇게 생각하지요?" 남편을 안심시키려는 듯 모니카의 어머니가 물었다.

"단도직입적으로 말씀드리겠습니다." 아버지가 말했다. "제가 보기엔 아이가 확실한 죽음의 전조를 느끼고 있는 것 같습니다. 우리 곁을 곧 떠나야 한다는 예감 말입니다. 워낙 예민한 아이니까 충분히 그런 걸 감지할 수도 있지 않겠습니까?" 아버지가 그렇게 다급히 가정 방문을 요청한 이유가 이제 명백해졌다.

"이 문제만큼은 제가 확실히 안심시켜 드릴 수 있습니다. 두 분이 보신 건 다른 부모들이 이 전환기에 있는 자녀에게서 관찰한 바와 본질적으로 동일합니다. 다만 관찰을 아주 정확하게 하신 데 반해 결론은 완전히 엉뚱한 곳으로 갔습니다."

아버지는 교사를 흘끗 쳐다보았다.

"선생님이 말씀하시는 관찰과 결론이 무슨 뜻인지 잘 모르겠어요." 어머니가 말했다.

"사실 어떤 면에서 보면 두 분의 느낌이 정확합니다. 아까도 성경의 실낙원 이야기를 했는데, 아담과 이브가 낙원에서 추방될 때 이런 말씀이 들려왔습니다. '흙으로 빚어진 너는 흙으로 돌아가리라.' 그건 아담과 이브가 그 순간 그 자리에서 죽으리라는 의미기 전혀 이닙니다. 인류의 의식에 지금까지 없던 새로운 요소가 들어섰다는 의미로, 바로 인간의 필멸성에 대한 의식입니다."

"아까 모니카가 우리에게 피아노로 자작곡을 연주해 주지 않았습니까? 모니카는 자기 음악에 가사도 직접 쓰는데, 모든 가사에 죽음이 직간접적으로 등장합니다. 아이의 예술적 재능이 이렇게 일찍 무르익은 것도 방금 선생님 말씀으로 설명될까요?" 아버지는 굳은 표정으로 카펫을 내려다보았다.

"모니카의 연주를 들으면서 제가 느낀 것은," 교사는 편안한 목소리로 말했다. "9살 아이가 벌써 고통과 죽음의 경험을 예술로 승화시키고 있다는 경탄뿐이었습니다. 그 나이에 이런 시도를 한다는 것 자체가 놀랍고 대견한 일입니다. 모든 사람이 이 시기에 비슷한 고통을 경험하지만 그걸 예술로 표현하는 경우는 극히 드뭅니다. 모니카는 영혼의 아픔에 예술의 옷을 입힘으로써 자신을 해방시키고 있습니다. 연주를 마치고 피아노에서 일어나는 얼굴에서 저는 그것을 알아볼 수 있었습니다. 아버지도 예술을 하는 분이니 제가 무슨 얘기를 하는지 충분히 이해하시리라 믿습니다.” 두 사람은 한동안 말없이 서로를 바라보았다.

“여기에 개인적인 의견 한 마디를 덧붙인다면,” 교사는 약간 망설이며 말했다. 아버지는 이미 눈에 띄게 평정을 회복했다. “주변에서 너무 걱정스러운 눈길로 바라보면 아이는 자기 안으로 더 깊이 파고들게 됩니다. 지나치게 자신에게 몰입하다 보면 결국 우울한 상태에 이르게 될 수도 있습니다. 아이가 마음 가는 대로 음악을 만들고 즐기도록 내버려 두세요. 거기서 이상하거나 특이한 점을 굳이 찾으려 들지 마세요. 아이가 음악으로 자기 치유를 하고 있다는 사실을 곧 아시게 될 겁니다.”

“선생님 말씀이 맞습니다. 아이는 천국 같은 어린 시절의 상실을 우울한 연가로 표현하고 있었는데, 제가 그걸 계속 잘못 해석하고 있었네요. 그러니까 저희가 목격한 것은 죽음 자체가 아니라 죽음의 인상이었군요. 선생님의 의견에 동의합니다. 함께 이야기 나눌 수 있어 정말 기쁩니다.”

아버지는 책꽂이로 가서 성경을 뽑아 들었다. 창세기를 다시 읽고 싶어진 것이다. 교사는 작별 인사를 하려고 자리에서 일어났다.

"조금만 더 이야기를 나눌 수 있을까요?" 어머니가 부탁했다. "이미 큰 도움을 주셨지만, 한 가지 더 의논하고 싶은 일이 있어서요. 이 문제도 선생님께서 도와주실 수 있을 것 같습니다. 선생님은 모니카가 피아노에서 일어날 때 한결 가볍고 자유로워졌다고 말씀하셨지만 저는 다른 느낌을 받았습니다." 어머니는 잠시 머뭇거리다가 말을 이었다. "얼마 전까지는 자주 아이와 함께 피아노를 쳤어요. 이니면 아이가 저를 불렀지요. '엄마, 이리 오세요. 제가 한 곡 들려드릴게요.' 반짝이는 눈으로 그렇게 말할 때 얼마나 사랑스러웠는지 몰라요. 우리는 정말 가까웠고 마음이 잘 통했어요. 그런데 지금은 피아노를 칠 때 제가 같은 방에 있는 것조차 싫어해요. 저를 위해 연주해 준다고 부르는 일도 당연히 없어요. 그런 생각 자체를 떠올리지도 않는 거 같아요. 몇 시간이고 피아노방에 틀어박혀 혼자 피아노를 쳐요. 그러고는 선생님이 말씀하신 것처럼 홀가분한 얼굴로 일어나서 마당으로 나가거나 친구를 만나고 숙제를 해요. 할 일은 다 하는데, 다만 저를 부르지 않아요. 우리 둘 사이에 무슨 벽이 생겨 버린 느낌이에요. 3학년에 올라간 뒤로 내내 그랬어요. 아이를 잃어버린 것 같다는 생각을 자주 해요. 더 이상 제 품을 찾지 않아요."

"오늘 아침 수업 시간에," 교사가 말했다. "이삭의 희생

이야기를 들려주었습니다. 솔직히 고백하건대 저는 그 이야기가 뭘 말하고자 하는지 이해하기 어려웠습니다. 그런데 어머니 말씀을 들으면서 처음으로 그 이야기의 숨은 의미가 보이기 시작했습니다.”

어머니는 진지한 얼굴로 교사의 말에 귀를 기울였다.

“그동안 저는,” 교사는 말을 이었다. “아브라함이 신을 사랑하는지 자식을 사랑하는지를 시험하는 것이 무슨 의미인지 완전히 이해하지 못했습니다. 하지만 지금은 그 차이가 분명히 보입니다. 신에 대한 사랑은 아이가 필수적으로 거치는 발달 단계에서 작용하는 고차적, 신성한 힘을 우리가 알아볼 때, 그리고 우리가 그 고차 의지 즉 필수적 발달 단계가 온전히 펼쳐지도록 도울 때 드러납니다. 그리고 9~10살 전환기에도 일종의 희생이 요구됩니다. 어머니의 사랑은 너무나 크기 때문에 소중한 아이를 품에서 놓아주는 희생을 선택할 수 있습니다. 아이를 자유롭게 놓아주겠다는 의지가 부모에게 없으면, 본질적인 요소(고차 자아)가 아이에게 들어오지 못하거나 그 과정이 순탄하게 진행되지 못할 수 있습니다.”

교사는 말을 멈추었다. 어머니가 자기 말을 이해는 했지만, 아직 마음 깊은 곳에서 그 해석을 완전히 받아들이지 못하는 저항이 느껴졌다. “이삭 이야기는 분명히 아버지와 아들의 문제잖아요.”

"성경에 나온 부분만 보면 그 지적이 맞습니다." 교사가 말했다. "하지만 유대 전설에 따르면 이삭 이야기의 뒷부분이 있습니다. 사탄이 노인으로 변장을 하고 사라를 찾아가 이렇게 말합니다. '지금 무슨 일이 일어났는지 아시오? 하느님의 명령으로 아브라함은 아들인 이삭을 희생 제물로 삼았소. 아들이 울면서 자비를 구했지만 아비는 전혀 자비를 보이지 않았다오.' 사라는 비통한 비명을 지르며 옷을 찢고 바닥에 몸을 내던졌어요. 그러고는 흐느껴 울며 말했습니다. '이삭, 이삭, 내 아들! 내 나이 아흔에 너를 낳았는데 이제 너를 칼과 불에 잃어버렸구나. 하지만 그것은 하느님께서 명령하신 일, 그분께서 하시는 일은 옳다. 내 눈은 눈물을 흘리고 있으나 내 가슴은 기뻐하는구나.'

마음의 평화를 찾지 못한 사라는 아브라함을 찾으러 갔습니다. 사방을 둘러보아도 남편은 보이지 않았습니다. 사탄이 다시 젊은 남자로 변장해서 사라를 찾아왔습니다. '이삭은 살아 있어요. 아브라함이 아들을 제물로 삼지 않았습니다.' 그 말을 들은 사라는 너무나도 큰 기쁨에 심장이 터져 버렸고, 그대로 땅바닥에 쓰러져 숨을 거두었습니다."

교사는 어머니의 내면에서 엄청난 싸움이 벌어지는 것을 느낄 수 있었다. 어머니에게 도움이 될 이야기를 더 하고 싶었지만 내면의 목소리가 가만히 있으라고 했다. 어머니는 아무 말도 하지 않았다.

침묵을 깬 것은 아버지였다. 그는 성경에서 이삭 이야기를 찾아 읽고 있었다. 책에서 고개를 들고 아내의 표정을 본 그는 해당 부분을 소리 내어 읽었다.

> 네가 네 아들, 네 외아들마저 서슴지 않고 바쳐 충성을
> 다하였으니, 나는 너에게 더욱 복을 주어 네 자손이
> 하늘의 별과 바닷가의 모래같이 불어나게 하리라. 세상
> 만민이 네 후손의 덕을 입을 것이다.

"그리스도의 탄생을 말하고 있는 것입니다." 교사가 말했다.

어머니는 다른 사람이 된 것 같았다. 어머니는 환히 웃으며 말했다. "그 깊은 의미를 처음으로 이해하게 된 것 같습니다. 그리스도는 이웃을 사랑하라고 가르치셨어요. 가족이나 혈육을 사랑하라고 하신 것이 아니에요. 이것이 모니카가 저에게서 멀어져야 하는 이유였어요. 새로운 존재, 즉 아이의 고차 자아가 내면으로 들어가려고 애쓰고 있다는 것도 알겠어요. 그 자아는 어머니의 사랑에서 벗어나기를 원해요. 그 시절이 지났기 때문이지요. 하지만 언젠가 다시 돌아올 거예요. 우리는 지나간 과거를 애도하고 있었어요. 호수 표면에

비친 그림자처럼 어린 시절의 풍경은 산산이 부서지고 사라
집니다. 그것은 지나갔고 다시 돌아오지 않아요. 우리 아이는
처음으로 진정한 자아, 자기 본모습에 이르렀어요. 아이 곁에
서 이 모든 과정을 아이와 함께 겪을 수 있다는 건 정말 큰 축
복이네요. 정말 기쁘고 감사합니다. 이제 아이를 완전히 다른
눈으로 볼 수 있겠어요."

9~10살 아이를 둔 학부모를 위한 강연

오늘 저녁 우리는 아이들이 9~10살에 거치는 중요한 발달 단계를 생각해 보기 위해 모였습니다. 루돌프 슈타이너는 이렇게 말했습니다. "9세가 되면서 아이는 사실상 존재의 전면적 변형을 경험한다. 이는 아이의 영혼생활과 신체적 경험 모두가 근본적으로 변형됨을 의미한다."[8]

이건 어떤 종류의 전환일까요?

지금까지 우리 아이들은 흔히 말하는 모방의 시기에 머물러 있었습니다. 물론 모방의 힘이 유달리 강한 아이가 있고, 좀 덜한 아이가 있긴 합니다. 잠시 동안 모두 함께 최대한

8　루돌프 슈타이너 『정신과학을 통한 교육 방법론적 예술의 갱신Die Erneuerung der pädagogisch-didaktischen Kunst durch Geisteswissenschaft』(GA301) 8장

상상력을 발휘하여 어린아이의 영혼 상태가 되어 봅시다. 그 상태에서는 제가 이렇게 입술에 손가락을 올리면 여러분 모두가 이 행동을 따라 할 것입니다. 그리고 제가 이렇게 말합니다. "나비야, 나비야 이리 날아오너라." 그러면 부모님들 모두가 자동으로 제 말을 따라 할 것입니다. 그리고 제가 다시 입술 위에 손가락을 올리면 모두 다시 조용해질 것입니다.

바로 이 모방의 힘을 통해서 아이들은 말하기를 배웁니다. 어떤 이유로 해서 4~5살 아이가 중국어만 사용하는 시역에 갔다고 상상해 봅시다. 몇 달만 지나도 아이는 벌써 중국어로 대화를 하고 있을 것입니다. 하지만 우리 어른들이 그런 수준으로 대화를 하기 위해서는 오랜 시간이 필요합니다. 이를 통해 우리는 모방의 힘이라는 강물 속에 아이가 푹 잠겨 있는 상태를 떠올릴 수 있습니다. 그 힘을 통해 아이는 주변 세상에서 어마어마하게 많은 정보를 받아들이고 학습합니다.

모방 능력이 살아 있는 한, 아이들이 외로움을 경험하기란 사실상 불가능합니다. 그때 아이들은 세상과 한 몸이기 때문입니다. 하지만 9살 무렵에 이 상태에 변화가 일어납니다. 태어나서 처음으로 아이는 세상에 홀로 서 있다는 느낌을 받게 됩니다. 자신이 전체에 속한 존재임을, 모든 것의 한 부분임을 자명하고도 당연하게 느끼던 어린 시절의 능력은 이제 사라졌습니다. 그것은 모방 능력과 함께 감쪽같이 자취를 감취 버립니다.

그리고 우리는 아이가 낯선 존재가 되었다고 느낍니다. 사실 전에도 이와 비슷한 현상을 경험한 적이 있습니다. 아이는 2살 반 무렵에 누가 자기 방에 들어오면 재빨리 몸을 돌리거나 이불을 머리끝까지 뒤집어쓰기도 합니다. 그리고 이 시기에 처음으로 '나'라는 단어를 구사하기 시작합니다. 이와 동일한 과정이 7년이 지난 지금, 한 단계 깊은 차원에서 반복되고 있는 것입니다. 9살 무렵 아이들은 부모와 교사, 형제자매, 심지어 친구들까지 차단하는 것처럼 보입니다. 이 미묘한 변화를 알아채기 위해서는 아주 섬세한 관찰이 필요합니다. 아이들은 자기 안으로 한발 물러납니다. 하지만 그들이 정말 경험하기 원하는 것은 오히려 그 반대입니다. 아이들은 내면에 말로 표현하지 않는 질문, '당신은 아직 나를 사랑하나요?'를 품고 있습니다. 이런저런 핑계를 만들어서 우리에게 다가오지만 사실 그들의 진정한 갈망은 선하고 따뜻한 말을 통해 다시 한 번 우리의 사랑을 체험하는 것입니다.[9]

---

9   루돌프 슈타이너 『7~14세를 위한 교육 예술』(GA311, 푸른씨앗 2022) 2장 p.70~71
    ↳ 물론 이 모든 것은 대략적으로 표현될 수 있을 뿐인데, 이 나이 아이는 존경하는 교사에게 다가서기를 어쩐지 어려워합니다. 대부분의 아이는 실제로 자신의 영혼을 짓누르는 것을 교사에게 절대로 밝히지 않습니다. 대신 다른 것을 말합니다. 그러면 교사는 그 말이 아이 영혼의 가장 깊은 저변에서 나온다는 것을 반드시 알아채야 합니다. 그 상황에서 교사는 무엇이 옳은 답이며, 어떤 처신이 옳은지 반드시 알고

9살 이전 아이들에게서는 이런 태도를 볼 수 없습니다. 그것은 분리의 느낌, 모방 능력의 상실, 주변 세상과 연결되는 능력을 잃어버리고 이제 완전히 새로운 방식으로 다시 연결을 만들어야 하는 상태와 관계된 태도입니다. 이 전환기에선 어린 영혼들의 내면에서 무슨 일이 벌어지는지를 우리에게 알려 주는 9살 여학생의 글이 있습니다. 이 아이는 질문 10개를 적은 뒤에 하나를 덧붙였습니다.

1. 나는 왜 살아야 하지?

2. 나는 왜 여행을 가지?

3. 나는 왜 학교에 가야 하지?

4. 나는 왜 너를 친절하게 대해야 하지?

5. 나는 왜 침대가 필요하지?

6. 나는 왜 발이 있어야 하지?

7. 나는 왜 비열해질 수 있지?

8. 나는 왜 글을 써야 하지?

9. 나는 왜 예뻐야 하지?

10. 나는 왜 나일 수 있는 거지?

있어야 합니다. 바로 그것에 아이의 인생 전체를 위한 엄청나게 많은 것이 달려 있습니다.

그리고 아이는 이 작은 자화상 맨 밑에 이 문장을 써넣었습니다. "왜 모든 게 항상 '왜'로 시작하지?"

본질적으로 모든 아이는 이 전환기를 거치면서 분리와 고독의 위기를 경험합니다. 우리는 특히 아이의 눈에서 이 사실을 알아볼 수 있습니다. 더 이상 별처럼 반짝이는 명랑하고 투명한 눈이 아니라 훨씬 차분해진 눈길 그리고 약간의 우울함이 깃든 눈으로 바뀝니다. 이 무렵 악몽을 꾸는 아이들도 많고, 두통이나 복통 같은 신체 증상을 호소하는 경우도 많습니다. 이로써 우리는 아이가 존재적 위기를 겪고 있음을 알아볼 수 있습니다. 하지만 이 위기를 통해 아이는 자기 내면에 자아를 지니고 있음을 깨닫습니다. '나Ich'라는 단어는 세상 그 누구도 외부에서 아이에게 말해 줄 수 없습니다. 이 느낌은 전적으로 내면에서 솟아올라야 합니다.

우리가 자아 탐색 과정을 겪는 아이들을 적절하게 돕는 방법은 무엇일까요? 여기서도 우리는 루돌프 슈타이너가 개발한 교육 과정에서 큰 도움을 받을 수 있습니다. 이 교과 과정에 따라 아이를 가르칠 때 우리는 아이의 자아가 각성되는 과정, 인생의 주인으로 거듭나는 과정을 도울 수 있으며, 연령별 발달 단계에 정확하게 들어맞는 내용을 제공할 수 있습니다. 구체적인 예를 하나 들어 드리겠습니다.

여러분도 아시다시피 3학년 아이들은 학년 초에 『구약

성서』의 창세 신화 이야기를 배웁니다. 제일 먼저 우리는 이런 질문을 해 보았습니다. "인간이 만든 것을 상상 속에서 모두 지운다면 세상에 어떤 것이 사라질까요?" 집과 거리, 자동차, 오토바이, 학교, 성경, 그림, 산수, 쓰기를 비롯한 수많은 것이 그 목록에 올라갔습니다. 교실에 있는 많은 것이 우리 눈앞에서 사라졌습니다. 이제 무엇이 남았을까요? 인간이 만든 것을 다 지워 버린 교실에 남은 것은 무엇일까요? 선생님과 아이들, 공기, 빛, 꽃, 수도꼭지 속 물, 그리고 사랑이 있습니다. 그런 다음 우리는 다시 이런 질문을 했습니다. 우리가 신이 창조한 모든 것을 상상 속에서 지워 버린다면 무엇이 사라질까? 아이들은 이렇게 대답했습니다. "나무와 공기, 빛, 태양, 별, 달 그리고 지구 전체가 없어질 거예요." 이 느낌을 강렬하게 체험한 뒤에 아이들은 눈을 감고 신이 창조하기 전에 그 모든 것이 어디에 있었는지 들어 보려고 노력했습니다. 교실에는 정적이 흘렀습니다. 잠시 뒤 아이들이 와서 각자가 생각한 답을 제 귀에 속삭여 주었습니다. "하느님과 함께 있었어요." "하느님의 마음속에 있었어요." "천국에 있었어요." 한 명만 이렇게 답했습니다. "아무 데도 없었어요."

다음 날부터 우리는 세상이 창조된 이야기를 듣기 시작했습니다. "한처음에 하느님께서 하늘과 땅을 지어내셨다. 땅은 아직 모양을 갖추지 않고 아무것도 생기지 않았는데, 어둠이 깊은 물 위에 뒤덮여 있었고 그 물 위에 하느님의 기운이 휘돌고 있었다. 하느님께서 "빛이 생겨라!" 하시자 빛이 생겨났다."

그 순간 아이들 눈에서 빛이 반짝였습니다. 아이들은 내면에서 빛을 밝힐 수 있음을, 그리고 그 빛으로 세상도 환하게 비출 수 있음을 경험했습니다.

그리고 우리는 "빛이 생겨라."라는 신의 말씀을 수채화로 표현해 보았습니다. 노랑 물감이 담긴 유리그릇에 붓을 담그기 전에 짧은 대화를 나누었습니다. 먼저 우리는 이렇게 물었습니다. "빛이 하느님에게서 왔다는 것을 어떻게 경험할 수 있을까? 우리에게 빛이 어디에 있을까?" 아이들이 대답했습니다. "노랑 물감이 담긴 그릇에 있어요." 우리는 이 색이 빛나게 할 수도 있고 빛나지 않게도 만들 수 있어요. 노랑을 두껍게 칠하면 전체가 다 똑같은 노랑이 될 거예요. 그런데 한 부분만 아주 연하게 칠하면 환하게 빛나게 만들 수 있어요. 빛을 이렇게 칠해서 우리 그림 속에 정말 빛이 있게 만들면 신의 창조력이 우리를 통해서 활동합니다. 그래서 수채화는 신성한 작업이에요. 우리는 색을 통해서 우리 가슴속에 있는 신의 창조력에 귀를 기울입니다. 아이들은 대략 이런 내용을 경험하고 말합니다.

그날, 학교에 입학한 이래 처음으로 아이들은 정말 환한 빛을 발하도록 노랑을 칠했습니다. 그 수업에서 가장 아름다웠던 순간은, 아까 세상 만물이 창조되기 전에 어디에 있었느냐는 질문에 "아무 데도 없었다."고 답했던 아이조차 기가 막히게 멋진 그림을 그렸다는 것입니다.

다음 날은 인간이 창조된 이야기입니다. 아이들은 하느님이 외부 세계를 전부 창조한 뒤에야 인간을 만들었다는 것을 들었습니다. 천사들은 자연에서 찾을 수 있는 모든 것을 하느님 앞에 가져왔습니다. 하느님은 천사들이 가져온 것을 변형시켜 인간을 빚었습니다. 천사들이 단단한 돌을 하느님께 가져왔습니다. 하느님이 그것으로 무엇을 만들었을까요? 여기저기서 아이들의 질문과 대답이 빗발칩니다. 하느님이 돌로 만드신 것은 바로 뼈입니다. 흙으로는 무엇을 만드셨을까요? 살입니다. 파도로는 피와 눈물과 침을, 바람으로는 호흡을, 태양으로는 심장을 만드셨습니다.

우리는 아주 많은 것을 생각해 냈습니다. "아직 하나가 빠졌어요. 인간이 가장 귀중한 선물로 자기 안에 지니고 있는 것이 있습니다. 이건 외부 자연에서 가져와서 변형시킬 수 없는 것입니다."

하느님은 인간에게 하느님의 일부를 주심으로써, 즉 신의 숨결을 불어넣음으로써 인간을 모든 창조물의 정상에 올려놓으셨습니다.

아담아 내가 너에게 생기를 불어넣었다.

내가 너에게 빛을 주노라.[10]

하느님의 따뜻한 숨결이 아담의 가슴에 영혼을 불어넣었을 때 그를 덮고 있던 흙색 껍질이 떨어져 나갔습니다. 깊은 숨을 내쉬면서 아담은 방금 일어난 엄청난 사건을 자각하기 시작합니다.

지금 우리 아이들의 영혼에도 울림을 주는 아담의 경험은 무엇이었을까요? 아이들은 자기 앞에 펼쳐진 세계에 거대한 신비가 숨겨져 있음을 어렴풋이 깨닫습니다. 아이들은 바람에서 하느님의 숨결을 듣고, 천둥에서 하느님의 목소리를 듣고, 드넓게 펼쳐진 푸른 하늘에서 하느님의 큰 영혼을 느낍니다. 아이들은 자기 생명 역시 신성한 기원에서 왔음을 느낍니다. 자연의 모든 것, 지저귀는 새, 토닥토닥 떨어지는 빗방울, 깡충깡충 뛰는 어린 양이 모두 신의 창조물이라는 것을 깨달을 때 아이의 영혼은 환희의 노래를 부르기 시작합니다.

10　「오버루퍼의 크리스마스 연극 Christmas Plays from Oberufer」 trsl. A. C. Harwood (London: Rudolf Steiner Press 1973) p.9

아이들은 또한 자기 신체를 하느님이 빚어 주신 선물이라는 새로운 눈으로 바라보게 됩니다. 정말 그렇구나! 발은 정말 멋진 선물이구나. 발은 우리를 세상 이곳저곳으로 데려다 주는 놀라운 일을 할 수 있어. 수많은 일을 하고 멋진 것들을 만들어 낼 수 있는 손도 그렇지! 그리고 내면에는 아주 특별한 것, 우리를 신과 연결해 주는 무언가가 있음을 느낍니다. 깊은 감사의 마음이 어린 영혼의 가슴에 차오릅니다.

이 느낌을 담아낸 한 아이의 시를 소개하겠습니다.

하느님, 감사합니다.
제가 숨을 쉬고, 살아갈 수 있음에 감사드립니다.
폴짝폴짝 뛰는 어린 양과
지저귀는 작은 새들, 토닥토닥 떨어지는 빗방울,
찰랑이는 물결을 볼 수 있게 해 주심에 감사드립니다.
하느님, 감사합니다.
당신이 질문하실 때
제가 말로 대답할 수 있음에 감사드립니다.
당신이 제게 말씀하실 때
그것을 들을 수 있는 귀를 주심에 감사드립니다.
제가 밖으로 나가고 싶을 때
우리 어린이들이 잡기 놀이 하고 싶을 때

뛰고 걸을 수 있음에 감사드립니다.

하느님, 감사합니다.

제게 팔을 주심에, 그래서 제가

당신에게 팔을 벌릴 수 있고, 물건을 집어 올릴 수도

있음에 감사드립니다.

우리를 살찌우는 황금빛 알곡을 주심에 감사드립니다.

영원한 빛은 어떤 빛인가요?

하늘에 계신 하느님은 무엇으로 만들어졌나요?

하느님은 영원한 빛으로 만들어졌고

우리 모두에게

그 영원한 빛의 작은 불꽃 하나씩을

나누어 주셨음을 믿습니다.

이 모든 것에 대해 감사합니다. 하느님.

여러분, 아까 9살 여학생의 자화상 속 질문과 그 속에 담긴 영혼의 고뇌를 기억하시지요? 그런데 이 시에는 아이가 이 전환기를 거치면서 영혼 깊은 곳까지 완전히 깨어났을 때 인간 심장에서 흘러넘치는 따스한 환희의 노래가 담겨 있습니다.

이쯤에서 오늘 모임을 끝내도 되겠다는 생각이 들 수도 있습니다. 이제 아이들 내면에서 얼마나 놀라운 성장이 일어나고 있는지 충분히 이해하셨을 테니까요. 우리는 '영혼생활의 의미심장한 변형, 신체적-물질적 경험의 중대한 변화'가 완성된 상태를 보았습니다.

하지만 '낙원극'[11]은 창조의 원초적 상으로 끝나지 않습니다. 그 연극의 이후 전개에는 엄청나게 중요한 과제가 숨어 있습니다. 아담이 아직 흙색 껍질에 덮여 있을 때 악마가 심술궂은 얼굴로 다가옵니다. 악마는 아담이 자연의 창조물 상태에 머물러 있지 않고 자유로운 창조적 정신의 영역으로 올라가도록 허락받은 것이 전혀 맘에 들지 않았습니다. 그럼에도 불구하고 악마는 인간이 벗어던진 껍질을 자랑스럽게 지고 갑니다. 마치 "내가 인간 발달을 방해할 또 다른 방법을 찾아내겠어. 반드시 성공하고야 말 거야!"라고 말하는 것처럼.

여러분도 아시다시피 이를 상징하는 것이 실낙원 사건입니다. 인간이 낙원에서 추락하는 실낙원 사건에서는 올바름에서 그릇됨으로, 그리고 신의 계율을 어긴 상태로 급속하게 분위기가 전환됩니다. 아이는 전 사춘기가 시작되는 12살 무렵에야 이 추락의 의미를 완전히 체험합니다. 9살 무렵 자아가 '삽입'되는 사건은 이 과정의 예고편으로, 이제부터 자아

---

11   **옮긴이** 발도르프학교의 크리스마스 연극. 아담과 하와가 낙원에서 쫓겨나는 1부(낙원극), 아기 예수 탄생을 그린 2부, 동방박사 이야기 3부로 구성된다. 다뉴브 강변 오버루퍼의 민중들이 크리스마스마다 하던 공연을 슈타이너의 스승 슈뢰어가 채록한 것 이다.

는 그 근원에서 완전히 분리될 수 있는 가능성이 생깁니다.[12]

잠시 하느님 아버지라는 존재를 생각해 봅시다. 그분은 어떤 존재입니까? 이 협소한 인간의 시야로 어떻게 그분을 파악할 수 있을까요? 그리고 무엇보다 그분이 우리 교육자들에게 하시려는 말씀은 무엇일까요?

사랑하는 여러분, 우리가 떠올리는 창조주 상에는 권위의 원리를 하나의 인물로 의인화한 측면이 있다는 의견에 여러분도 동의하시리라 믿습니다. 신은 인간을 창조했고, 인간을 아끼고 보살핍니다. 계율을 어긴 것에 대한 벌로 아담과 하와를 세상으로 내보냅니다. 이는 인간을 자유롭게 풀어 준 것입니다. 신은 불복종을 통해 획득한 개별적 경험을 인정하고 존중하며, 인간이 지닌 창조력에 대한 신뢰를 바탕으로 자신 있게 미래를 내다봅니다. '낙원극'의 마지막 대사는 이를 이렇게 표현합니다.

하지만 보라, 아담이 어떤 보물을 손에 넣었는지를
그는 신과 같이 되었도다.
그는 선과 악의 지혜를 지녔다.

---

12 루돌프 슈타이너 『치료에 대한 정신과학적 관점Geisteswissenschaftliche Gesichtspunkte zur Therapie』(GA313)

그는 자기 손을 높이 들어 올릴 수 있고
그곳에서 영원히 거할 수 있다.

사랑하는 여러분, 이 관점에서 볼 때 창조주는 여러분과 자녀의 관계를 상징합니다. 여러분 역시 자녀를 세상에 존재하게 했고, 그들을 아끼고 돌보며 필요한 모든 것을 제공합니다. 여러분은 아이를 삶으로 인도했습니다. 그리고 특히 두 번째 7년 동안 여러분도 많은 갈등을 겪습니다. 그러다가 14살 무렵 아이는 세 번째 7년 주기에 접어듭니다. 이때 우리는 아이를 자유롭게 놓아주어야 합니다. '죄로의 추락'을 통해서만 경험을 얻을 수 있음을 알고 있기 때문입니다. 그리고 여러분은 아이에게 권위의 존재이던 시기에 여러분이 쏟은 교육적 노력을 통해 자녀의 내면에 자유를 향해 올바르게 발달할 수 있는 힘이 심어졌다는 것도 알고 있습니다.

루돌프 슈타이너는 권위의 원리를 두 번째 7년 주기 교육의 원칙으로 삼았습니다. "9세 이후에 단순한 모방의 원리는 더 이상 작동하지 않는다. 이제는 새로운 원리가 들어와야 한다. 이때 필요한 것이 권위의 원리다. 만일 내가 7세부터 14~15세 사이 아이들 앞에 권위의 존재로 서 있지 못한다면, 이는 신체에서 손가락 두 개나 팔을 잘라 내는 행위를 영혼-정신 본성에 한 것과 마찬가지다.”[13]

　　여기서 구체적인 예를 하나 들어 보겠습니다. 아이가 돈을 훔쳐 담배를 샀다고 해 봅시다. 여러분은 무언가가 잘못되었다는 ‘냄새’를 맡고, 사건의 경위를 밝혀낼 것입니다. 당연히 화나고 속상하시겠지요. 하지만 이 상황에서 필요한 행동이 무엇일까요? 무엇보다 중요한 것은 자녀와 연결되어 있어야 한다는 점입니다. 속상하고 화나는 감정은 충분히 이해할 수 있지만 그 상태로는 아이의 마음과 연결될 수 없습니다. 부모로서 여러분은 이렇게 질문해 보아야 합니다. ‘혹시라도 가까운 사람들과의 관계에서 어떤 문제가 생겼고, 그게 이 사건의 내적인 원인으로 작용한 건 아닐까?’ 이건 사실일 수도, 아닐 수도 있습니다. 하지만 이런 상황에서는 우리 자신의 실수와 약점을 돌아보는 것이 좋습니다. 물론 고통스러운 과정입니다. 때로는 그 고통 때문에 부모로서 아무 조치도 취하지 않고 방관하게 만들기도 합니다. 우리는 이런 느낌 앞에서 속수무책으로 얼어붙지 않아야 합니다. 자신의 부족함을 직면하는 것이 그저 고통스러운 일일 뿐일까요? 단점과 약점을 포함한 자신의 참모습을 알기 위해 노력하는 한, 우리는 진정한 자아에 한 걸음씩 가까워지지 않습

13　　루돌프 슈타이너 『정신과학을 통한 교육 방법론적 예술의 갱신Die Erneuerung der pädagogisch-didaktischen Kunst durch Geisteswissenschaft』(GA301)

니까? 사실 자신의 한계를 인식할 때 우리 영혼은 과거의 실수가 만든 저주와 속박에서 풀려날 수 있습니다. 그때 우리 영혼은 강요된 행동에서 처음으로 해방되기 때문입니다.

이제 아버지, 어머니, 아들이 한자리에 앉아 대화를 나눕니다.(권위의 원형인 하느님은 지상 세계에서 어머니와 아버지라는 두 존재로 표상됩니다) 아버지와 어머니가 내적으로 서로 조율된 상태에서 아이와 대화할 때만 진정한 권위를 가질 수 있습니다. 부모가 별거 중이고 함께 대화하는 것이 불가능하다면 믿을 만한 다른 보호자나 교사가 참여할 수도 있습니다. 어떤 경우라도 두 명의 어른이 참석하는 것이 좋습니다.

이제 아이에게 무슨 일을 했는지 물어봅니다. 여러분이 자신의 불완전함을 스스로에게 솔직히 묘사하는 것과 동일한 방식입니다. 그리고 아이에게 그 행동으로 인해 여러분이 얼마나 슬픈지를 표현합니다. 대화가 진행되면서 여러분은 아이가 어른들과 손잡았을 때만 건너갈 수 있는 문 앞에 도달합니다. 아이 혼자서는 그 문을 통과할 수 없습니다. 그 문은 특정한 영혼 영역으로 이어지는데, 자신에게 솔직한 어른들만이 그곳에서 어둠을 빛으로 변형시킬 수 있는 힘을 발견할 수 있기 때문입니다.

부모는 아이에게 완전히 공감합니다. 그 느낌을 갖고 아이와 하나 된 상태에서 부모가 아이에게 말합니다. 아이의 마음이 다시 밝아지기를 얼마나 소망하는지 이야기합니다. 이 희망을 위한 내면의 힘은 부모가 앞서 자신을 직면하며 쌓아 놓은 것입니다. 이제 아이에게 그것을 표현합니다. 이를 통해 아이는 부모가 자기를 얼마나 아끼는지 느낄 수 있습니다. 이런 대화는 양쪽 접시가 조금씩 균형을 찾아가는 양팔 저울에 비유할 수 있습니다.

물론 훔친 돈을 돌려놓을 방법에 대해서도 이야기해야 합니다. 아이도 상상력을 발휘해서 갚을 방법을 제안합니다. 이런 세부 사항은 다양한 방식으로 진행될 수 있습니다.

중요한 것은 어머니와 아버지의 권위 있는 지도를 통해 아이가 영혼의 문제를 해결하는 방법을 배운다는 점입니다. 이런 결과는 즉각 엄격한 처벌을 내리는 방식으로는 결코 얻을 수 없습니다. 처벌은 결국 '억압'을 낳을 뿐입니다. 그런데 불행히도 이런 일이 너무 자주 일어납니다. 특히 아이를 양육하는 데 한쪽 부모가 부재하거나, 아버지와 어머니가 합심하지 못할 때 자주 발생합니다.

부모가 자녀를 사이에 두고 함께 손잡고 가끔씩 영혼의 신성한 내면 영역으로 들어가는 문을 통과한다면, 그리고 그곳에서 진실의 힘을 통해 자신과 화해한다면, 아이는 인생의 더 큰 문제를 해결할 힘을 키우게 될 것입니다.

오늘은 심리적 문제의 해결에 대해 많은 이야기를 했습니다. 이 문제는 앞으로 점점 더 중요해지고, 그것을 잘 다스릴 수 있는 사람은 갈수록 적어질 것입니다. 하지만 제가 설명한 방식으로 부모가 아이를 인도해 나간다면, 아이는 성장하면서 영혼의 힘이 계속 확장될 것입니다. 나중에 어른이 되어 심각한 내적 긴장을 견뎌야 하는 상황에 처했을 때, 우리 모두가 진심으로 소망하듯이 아이는 문제를 능히 처리할 수 있을 것입니다.

자녀와 그런 대화를 나눈 것이 무엇과도 바꿀 수 없는 소중한 경험이었다고 이야기해 주신 부모님이 많습니다. 그런 대화에서 자라난 영혼 정서는 성서의 한 구절을 떠올리게 합니다. "단 두세 사람이라도 내 이름으로 모인 곳에는 나도 함께 있기 때문이다."(마태오의 복음서 18장 20절)

이런 방식으로 아이를 대할 때 부모는 아이의 든든한 지원군이자 사랑받는 권위의 존재가 됩니다. 이 상태에 이르기 위해서는 내면을 다스리는 노력이 더 많이 필요하고 스스로의 약점을 극복하기 위해 노력해야 합니다. 이것이 힘든 일이기는 하지만, 모두를 위해 좋은 일임은 분명합니다.

9~10살 이후로 아이들은 더 이상 모방으로 배울 수 없고, 그래서도 안 됩니다. 이제부터는 아이들 내면의 목소리가 자라야 하며, 부모와 교사는 그 목소리를 계속 강화해 주어야 합니다. 아이들은 이 과제를 혼자 힘으로 해낼 수 없습니다. 권위를 가진 존재들의 안내가 필요합니다.

부모님 여러분, 오늘 밤 우리는 우리 아이들이 아주 특별한 발달 과정을 거치고 있음을 알아보았습니다. 아이들이 나중에 인생에서 자기 길을 올바로 찾기를 원한다면, 인생의 과제를 분명히 찾기를 원한다면 바로 이 시기에 기본 바탕이 마련되어야 합니다. 크리스티안 모르겐슈테른은 모든 인간이 9~10살 무렵에 거치는 전환기에 씨앗으로 받아들인 것이 나중에 어른이 되었을 때 어떻게 꽃피는지를 다음과 같은 시로 표현했습니다.

더 이상 창조물이 아니다. 사고는 완전히 그의 힘이 되었다:
의지의 주인, 더 이상 의지에 휘둘리는 노예가 아니다:
감정의 지배자, 그것을 올바르게 재단한다.

너무 깊이, 부인하는 마음이 역겨울 정도로:
너무 자유롭게, 자기 안의 고집스러움이 머물도록:
그렇게 정신 영역과 인간은 하나 되니,

그렇게 옥좌 중의 옥좌에 이르는 자기 길을 발견하니.[14]

---

14 크리스티안 모르겐슈테른Christian Morgenstern(1871~1914)_ 독일 시인이자 작가.
    『우리는 길을 찾았다Wir fanden einen Pfad』 Poem, Vol. 11 in the Collected Works
    (Basel, Switzerland: Zbinden Verlag 1977) p.20

비범한 인물들의 생애에서 엿보는 9세 전환기

비범한 인물들의 생애에서 우리는 9세 전환기에 관해 많은 것을 배울 수 있다. 이 나이에 그 사람 인생의 핵심 주제라고 부를 만한 요소가 어떤 식으로 전면에 대두되는지를 볼 수 있다. 루돌프 슈타이너는 발터 요하네스 슈타인 Walter Johannes Stein 에게 모든 사람은 9세 무렵에 영혼 속에 지울 수 없는 상으로 깊이 각인된 사람을 만난다고 했다.[15]

---

15   Walter Johannes Stein 『성배의 관점에서 본 세계사: 9세기Weltgeschichte im Lichte des Heiligen Gral: Das neunte Jahrhundert』(Mellinger Verlag 1966) p. XI.

* * * *

트로이 유적을 발견한 독일의 고고학자 하인리히 슐리만 Heinrich Schliemann(1822~1890)의 경우가 바로 그랬다. 9살 때 슐리만은 이웃 농장에 살던 동갑내기 친구 민나와 함께 아주 특별한 결심을 한다. 어른이 되면 결혼을 하고, 함께 트로이 지역과 미케네 왕릉을 발굴하자고 약속한 것이다. 그 약속은 슐리만에게 평생을 이끈 동력으로 작용했지만, 이후에 두 아이는 어쩔 수 없는 외부 사건들 때문에 헤어져 다시는 만나지 못했다. 하지만 민나와 맺었던 서약만은 아홉 살짜리 하인리히의 상실감 속에서도 꿋꿋하게 살아남았다. 이 뛰어난 고고학자는 이 소꿉친구를 잃은 슬픔을 세상을 떠나는 순간까지 잊지 못했다.

> 나의 파란만장한 삶과 그 모든 고난과 역경 속에서도
> 트로이 도시가 존재한다는 굳은 믿음이 단 한 번도 흔들린
> 적이 없었던 것에 신께 감사드린다. 하지만 나는 인생의
> 황혼기에 접어들어서야, (그리고 민나 없이) 그녀가 내
> 곁에서 아주 멀리 떨어진 상태에서야 비로소, 50년 전
> 우리가 어린 시절에 꾸었던 꿈을 이룰 수 있었다.[16]

16　하인리히 슐리만 『라인리히 슐리만 자서전』(일빛 2004)

$$* \quad * \quad * \quad *$$

시인이자 의사인 한스 카로사^{Hans Carossa(1878~1956)}는 9~10세
사이의 경험을 이렇게 반추했다.

> 열병으로 느슨해진 영혼은 신비로운 방식으로 모든 것과
> 아무것도 없는 상태 사이를 이리저리 휩쓸려 다녔다…
> 느닷없이 그 소년에게 한 인물에 대한 갈망이 솟아났다.
> 그 인물은 어쩌면 동반자, 어쩌면 길을 이끌어 주는 이
> 혹은 길을 잃게 만들 이였다. 그가 마음속에 떠올린
> 인물은 남자도, 여자도 아니었다. 아무튼 지금까지와는
> 비교할 수 없을 정도로 강력한 인생을 열어 줄 어떤
> 존재임에는 틀림없었다. 그리고 그는 그것을 얻기 위해
> 어떤 고난도 감당할 각오가 되어 있었다.[17]

소년은 흐릿하지만 그래도 분명히 알아볼 수 있는 치유
자의 형상을 어렴풋이 보았다. 루돌프 슈타이너는 치유력의
신비에 대해 이렇게 말했다.

---

17 한스 카로사 『유년 시절』 (지식을만드는지식 2016)

우리는 질병과 우리의 무력함을 경험할 수 있습니다.
무력함을 경험할 때, 영혼 속에서 죽음과 연결되어
있음을 경험할 때, 우리는 구원자이자 치유의 힘을 만날
수 있습니다. 치유자를 인식할 때 우리는 우리 영혼 속에
항상 내면 체험 속 죽음의 힘을 딛고 일어설 수 있는
무언가를 지니고 있음을 느낍니다.[18]

이것이 바로 언어를 통해 치유하는 시인-의사가 어린 시절에 흐릿하게 목격했던 존재다. 그때 한 친구가 어린 카로사를 찾아왔다. 카로사보다 몇 살 위인 그 여학생은 이미 9살의 전환기를 넘어선 뒤였다.

그러다가, 마침내 에바가 찾아왔다. 설강화 꽃다발을
들고 와서는 나에게 어서 일어나라고 채근했다. 에바는
어느새 키가 훌쩍 자랐고 창백한 피부에 여성스러운
태가 나기 시작했다. 그래서 낯선 느낌이 가시고 전처럼
편안히 대하기까지 약간 시간이 필요했다. 에바는 계속
한숨만 쉬다가 자리에서 벌떡 일어나더니 즐겁게 춤추듯
방 안을 빙글빙글 돌기 시작했다. 벽도 같이 따라 도는 것

---

18   루돌프 슈타이너 『죽음, 이는 곧 삶의 변화이니!』(GA182, 푸른씨앗 2017)

같았다. 에바가 춤을 멈춘 뒤에도 벽이 몇 초 동안 파르르
떨리는 것처럼 느껴졌다. 나는 라틴어 실력을 자랑하면서
나중에 도시로 나가 무슨 일을 할지 이야기했다. 에바는
조용히 내 말에 귀를 기울였다. 그러더니 자기도 카딩에
오래 살았으며, 얼마 전 외삼촌이 자기를 찾아와서
뮌헨으로 데리고 가서 승마 기사 교육을 시켜 주겠다는
제안을 했다고 고백했다. 거길 가면 하얀 말 한 마리와
반짝이는 작은 구슬이 많이 딜린 칭록색 비난 드레스를
얻게 될 거라고 했다. 하지만 에바는 그 어떤 것도 탐나지
않았다. 그녀의 꿈은 춤추는 것이기 때문이다. "난 내가
원하는 대로 살 거야." 에바가 말했다.
"하지만" 내가 끼어들었다. "누나는 항상 말을 타고
싶다고 말했잖아." "어렸을 때는 하얀 말이 되고 싶다는
생각을 자주 했지. 커서는 하얀 말을 타고 싶었어. 그런데
지금은 춤을 추고 싶어." 이렇게 말하면서 에바는 다시
한 번 방 안을 빙글빙글 돌면서 가벼우면서도 힘 있는
동작으로 춤을 추기 시작했다. 나는 홀린 듯 그 모습을
바라보았다. 낙심의 기운이 깨끗이 사라지면서, 처음으로
건강이 회복되었다는 느낌이 팔다리에 스며들었다.[19]

---

19 각주17 참고

* * * *

오스트리아 화가 오스카어 코코슈카Oskar Kokoschka(1886~1980)는 지인의 죽음과 함께 이 전환기를 겪었다. 그 사건은 그의 사고를 지배하고, 의지를 마비시켜 버렸다. 세상을 떠난 지인은 이웃에 살던 나이 많은 이야기꾼이었다. 코코슈카는 다음과 같이 썼다.

> 나는 죽는다는 것이 무슨 뜻인지 정말로 이해할 수
> 없었다. 유일하게 깨달은 것은 할머니가 사라졌고
> 앞으로도 영원히 그러할 것이라는 사실뿐이었다. 그렇게
> 사라질 수는 없어. 나는 이렇게 혼자 생각했다. 여기엔
> 없지만 분명히 어딘가에는 계실 거야.

다음 날 아침 코코슈카는 말이 끄는 장의차가 지나가는 것을 보았다. 차 안에는 하얀 상자가 놓여 있었다.

> 나는 그 이상한 마차를 한참 동안 가만히 바라보았다.
> 마차가 떠나면서 문득 과거의 경험 하나가 떠올랐다.
> 처음 그런 마차를 보았던 순간이었다. 나는 외부
> 세상에도 경계가 있다는 사실을 어렴풋이 인지하기

시작했다. 그것은 회복 불가능한, 이전 상태로 결코
돌아갈 수 없는 경험이었다. 나는 이것을 한낮의 환한
햇살에서 운명에 대한 생각, 그리고 밤과 함께 엄습하는
공포감으로의 전환으로 느꼈다.[20]

우리는 코코슈카의 초기 작품에서 장의차와 그에 대한
소년의 경험을 볼 수 있다. 그 작품들에시는 색이 별다른 의
미를 갖지 못한다. 밝은 부분은 어둠에 둘러싸여 우울한 빛을
감추고 있다.

이 경우에는 9세의 전환 경험이 하나의 강렬한 상, 그림
의 형태로 일어났다. 이는 특히 화가의 운명에서 자주 볼 수
있다. 그 상의 내용인 죽음은 코코슈카의 인생에서 계속 반복
되는 주제였고, 작품에서도 그러했다.

---

20   오스카어 코코슈카 『나의 인생Mein Leben』(München: Verlag F. Bruckmann 1972)
p.38

* * * *

지휘자 브루노 발터Bruno Walter(1876~1962)에게 중요했던 것은 청
각 인상이었다. 사실 그에게 시각 인상은 사라지고 용해되고
지워져야 했다. 그는 전환기의 경험을 귀로 '들었다.'

어렸을 때부터 나는 자주 '꿈꾸는' 것 같은 이상한 상태에
빠졌다. 그것은 특정 대상 없는 몰입, 나 자신을 벗어난
상태였다. 그 순간에는 평소에 외적, 내적 경험의
숨 가쁜 동력으로 맹렬히 돌아가던 모든 톱니바퀴가
일제히 멈춰 섰다. 마치 전원이 꺼지기라도 한 것처럼
갑자기 모든 것이 고요해졌다. 나는 그런 정지 상태를
일종의 우울감으로, 내 정신을 짓누르는 무게로 처음
느꼈던 순간을 아직도 기억한다. 그때의 느낌을 나는
아직도 느낀다. 그리고 그 장면을 눈앞에 생생히 떠올릴
수 있다. 10살이나 11살 무렵에 내가 그 내적 떨림을
처음 경험하던 순간을. 내가 어쩌다가 학교 운동장에
혼자 서 있게 되었는지는 자세히 기억나지 않는다. 무슨
일이 있어서 방과 후에 늦게까지 남아 있어야 했던
것 같다. 나는 커다란 운동장에 들어섰다. 그때까지
나는 운동장을 남자아이들이 이리저리 몰려다니며

뒹굴고 노는 소리로 가득 찬 곳으로만 알고 있었다.
그랬기 때문에 아무도 없는 그곳이 두 배는 더 황량하게
보였다. 그 텅 빈 운동장에 내가 혼자 서 있다. 깊은
침묵과 고요함에 압도당한 채로. 침묵과 산들바람
소리에 가만히 귀를 기울이며 서 있을 때, 나는 그 고독
속에서 지금껏 알지 못하던 강력한 무언가가 내 마음을
사로잡았다고 느꼈다. 그것은 내가 자아임을 알려
주는 첫 번째 전조, 내게 영혼이 있으며, 이 딴 사에서 내
영혼을 부르고 있다는 최초의 각성이었다.[21]

* * * *

이탈리아 시인, 단테 알리기에리Dante Alighieri(1265~1321)는 9살 때
플로렌스의 거리에서 비슷한 나이의 한 소녀를 처음 만났다.
인근에 사는 아이 같았다. 여자아이의 이름은 베아트리체, '축
복받은 아이'라는 뜻이다. 지나가면서 스치듯 마주쳤을 뿐이
지만 그 만남은 소년 단테에게 말할 수 없이 깊은 영향을 미쳤

---

21 브루노 발터 『주제와 변주: 기억과 생각Thema und Variationen: Erinnerungen und
Gedanken』(Zürich 1973) p.31

다. 일상적 의식을 벗어난 상태에서 그는 내면의 목소리가 말을 걸어오는 것을 깨달았다. 시인이 된 단테는 이 경험을 『새로운 인생La Vita Nuova』(민음사 2005)에서 이렇게 표현했다.

세상에 태어난 지 아홉 번째 되는 해에 하늘의 빛이 한
바퀴를 돌고 처음과 거의 같은 위치에 이르렀을 때, 내
정신의 찬란한 여인이 나타났다. 그녀를 뭐라고 불러야
할지 모르는 많은 사람은 그녀를 베아트리체라고
불렀다. 당시에 그녀는 별이 총총한 하늘이 동쪽으로
1/12° 이동하는 데 걸리는 시간만큼 이 세상에 이미
존재했기 때문에, 태어난 지 9년 째 되는 해 초반에 내
앞에 나타났다. 그리고 나는 아홉 번째 되는 해의 끝
무렵에 그녀를 보았다. 그녀는 더할 나위 없이 기품
있는 색조의 진홍색 옷을 입고 있었다. 겸손하고 고귀한
자태였고, 어린 나이에 걸맞은 방식으로 허리띠를
두르고 장신구를 걸치고 있었다. 바로 그 순간, 가감
없이 진실만 말하건대, 심장 속 가장 비밀스러운 방에
거하고 있던 생명의 정신이 움직이기 시작했다. 그
떨림이 얼마나 격렬했는지, 내 혈액의 가장 가벼운
박동에도 나는 경외감을 느꼈다. 파르르 떨리면서
그것은 이렇게 말했다. "보라, 나보다 더 강한 신, 이곳에

강림하고 나를 지배하실 신이시다." 그 순간, 동물의
정신이, 우리 감각의 모든 정신이 감각 지각을 전달해
주는 높디높은 방에 거하는 그 정신이 크게 놀라기
시작하면서, 특히 시각의 정신에게 이런 말을 속삭였다.
"이제 그대의 축복이 모습을 드러내었구나." 그러자
자연의 정신, 우리에게 양분을 공급하는 곳에 거주하는
자연의 정신이 흐느끼기 시작했다. 그것은 눈물 속에서
이렇게 말했다. "비통하구나, 가련한 신세가 되었구나.
이제 나는 자주 방해물을 만나게 될 터이니."

두 아이는 이웃에 살았지만, 단테가 베아트리체를 다시
만난 것은 그로부터 9년이나 지나서였다. 단테는 그 만남을
27세에 이렇게 기록했다.

머리부터 발끝까지 흰색으로 차려입고 두 명의 귀부인
사이에 있던 그녀는 큰 전율 속에서 내가 서 있는 쪽으로
시선을 돌렸다. 그녀는 말로 표현할 수 없을 만큼의
우아함으로, 더 높은 세상에서 보상을 받게 될
그 우아함으로 나에게 아주 기품 있는 인사를 보냈고,
나는 그곳 그 자리에서 축복의 궁극적 경계를
목격했다고 생각했다.

두 사람이 결합하는 것은 불가능했다. 단테는 어렸을 때 이미 젬마 도나티와 정혼한 상태였다. 베아트리체는 20세에 부유한 시모네 디 발디와 결혼했다가 4년 뒤 세상을 떠났다.

그녀가 세상을 떠난 뒤 단테는 그녀가 살아 있을 때보다 더 많은 영감을 받았다. 그는 그녀를 '죽을 수밖에 없는 존재에 대해 지금껏 아무도 이야기한 적 없는 것'으로 말하겠다고 결심했다. 단테의 대표작 『신곡』의 천국편에서 시인을 안내해서 그녀가 접근할 수 있는 가장 높은 내면 영역으로 데리고 가는 존재가 바로 베아트리체이다.

플로렌스 사람들은 베키오 다리에 단테와 베아트리체의 동상을 함께 세우는 것으로 두 사람을 기렸다. 단테와 베아트리체는 다리 위에서 서로 지나가면서 인사를 하는 모습으로 서 있다.

시인의 생애를 관통하는 가장 큰 사건은 9살의 경험에서 시작했다. 단테는 그 만남을 서술한 글의 첫 문장을 '이곳에서 새로운 삶이 시작된다'는 뜻의 'Incipit Vita Nuova'라고 썼다.

* * * *

다음은 『루돌프 슈타이너 자서전』(푸른씨앗 2020)의 한 대목
이다.

비너-노이슈타트 쪽에, 더 멀리는 슈타이어마르크 쪽에
산들이 평원으로 내려앉았다. 그 평원을 라이타 강이
구불구불 흘러갔다. 산 중턱에는 구세주회 수도원이
있어서 산책길에서 그 수도원 소속 수도사들을 자주
만났다. 그 수도사들이 말을 좀 걸어 주었으면 하고
간절히 바라던 기억이 아직도 있다. 그들은 절대 말을
걸지 않았다. 그래서 그 수도사들과의 만남은 언제나
무엇인지 알 수는 없지만 엄숙한 인상을 남겼고, 그
인상은 오랫동안 나를 따라다녔다. 아홉 살이 되었을
적에는 '내가 배워야 하는 중요한 것이 저 수도사들의
과제와 연관되어 있다.'는 생각이 내 안에 확고히 자리
잡았다. 그 수도사들과의 만남에 있어서도 역시 나는
답을 얻지 못한 질문들로 가득 차 있었다. 그렇다. 온갖
것에 대한 그 질문들은 어린 소년을 상당히 외롭게
만들었다.

루돌프 슈타이너는 계속해서 그 고독의 경험 이후에 어
떤 행복이 이어지는지를 처음 알게 되었던 순간을 서술한다.

노이되르플 학교에 입학한 직후 그 교사의 하숙방에서
기하학 책을 발견했다. 그 교사와 관계가 좋았기 때문에
별문제 없이 얼마간 책을 빌릴 수 있었다. 몇 주 동안
그 책에 푹 빠져 살면서 내 영혼은 삼각형, 사각형,
다각형의 유사성, 합동을 다루며 완전히 흡족한 상태가
되었다. 평행선이 실제로 어디에서 교차하는가 하는
질문으로 혼자 골치를 썩였고, 피타고라스의 정의에
매료되었다.
외부 감각물에서 받는 인상 없이 순수하게 내면에서
관조한 형태들을 완성시키면서 영적으로 살 수 있다는
사실, 그것이 내게 최고도의 충족감을 선사했다…
나는 내가 기하학에서 처음으로 행복감을 맛보았다고
확신한다.
내게서 차츰차츰 발달된 견해가 하나 있는데, 그 첫 싹이
기하학에 대한 내 관계에서 텄다고 확신한다. 그 견해는
벌써 어린 시절부터 다소간 무의식적으로 내 안에 살고
있다가 20세를 전후해 완전히 의식적인, 일정한 형태를

띠게 되었다.

나 스스로는 이렇게 말했다. "감각을 통해 지각하는 대상과 과정은 공간 안에 존재한다. 이 공간이 인간 외부에 존재하는 바와 똑같이 인간 내면에는 일종의 영혼 공간이 존재한다. 이 영혼 공간은 정신적 존재들과 정신적 과정을 위한 무대다." 나는 사고내용에서, 인간이 사물에 대해 만드는 그림 같은 어떤 것이 아니라, 영혼 무대 위에서 정신세계가 드러내는 것을 볼 수 있었다. 외관상으로는 인간에 의해 생겨났지만, 그럼에도 불구하고 인간과 완전히 별개로 독자적인 의미가 있는 앎, 나한테 기하학은 바로 이런 앎으로 보였다. 물론 내가 어렸을 적에는 그것을 명료하게 표현할 수 없었다. 그래도 기하학과 마찬가지로 인간 내면에도 정신세계에 대한 앎이 들어 있을 수밖에 없다는 것을 느꼈다. 왜냐하면 내게는 정신세계의 실재가 감각 세계의 실재만큼이나 확실했기 때문이다. 그런데 어떤 방식으로든 이 생각을 정당화할 필요가 있었다. 정신세계에서 하는 체험은 감각 세계에서 하는 체험과 마찬가지로 전혀 미혹이 아니라는 것을 말로 표현할 수 있기를 바랐다. 나는 기하학을 배우면서 다음과 같이 말할 수 있게 되었다. "오로지 영혼만이 자체적인 힘으로

체험할 수 있는 어떤 것을 기하학에서 알아볼 수도
있겠다.” 내가 체험한 정신세계에 대해서도 감각 세계에
대해 말하듯이 말할 수 있다는 정당성을 그 느낌에서
발견했고, 그것을 그런 식으로 표현했다. 내게는 두 가지
표상이 있었다. 그 표상은 확실하지는 않았어도 여덟
살이 되었을 때부터 이미 내 영혼생활 안에서 커다란
역할을 하기 시작했다. 나는 사물과 존재들을 사람들이
‘보는 것’과 ‘보지 않는 것’으로 구분했다.[22]

이렇게 기하는 9살 소년에게 전혀 다른 두 세계를 연결
하는 다리가 되어 주었다. 여기서 우리는 루돌프 슈타이너의
인생 주제가 빛을 발하는 것을 본다. 나중에 루돌프 슈타이너
는 자연 과학의 토대에 단단히 발을 딛고 서서 감각 세계와
정신세계 사이에 다리를 건설하는 일을 완성했다. 그것은 슈
타이너 이전에 누구도 해내지 못한 일이었다. 그의 자서전을
보면 이 인생 주제가 여기저기서 드러난다.

---

[22]　루돌프 슈타이너 『내 삶의 발자취』(GA28, 푸른씨앗 2020)

* * * *

"내 첫사랑은 단어였다. 기억이 미치는 한, 어린 시절 내 곁에는 언제나 경건한 목소리로 읊조리는 기도와 성경 구절이 함께했다. 내게는 그 말씀들이 매일 먹는 빵만큼이나 삶에서 없어서는 안 되는 요소였다." 이것은 언어에 담긴 창조력을 아주 탁월하게 활용했던 사람이 인생의 주요 과제에 대해 한 말이다. 발도르프 교사인 하인츠 뮐러Heinz Müller(1899~1968)는 발도르프학교에서 학생들에게 주는 생일 시를 집필했다. 그는 언어의 힘, 즉 로고스의 힘을 교육과 통합시켰다. 그가 세상을 떠나기 1년 전에 출간된 저서 『단어와 리듬 속에 담긴 치유의 힘Von der heilenden Kraft des Wortes und der Rhythmen』은 그가 해온 일을 보여 준다.[23] 볼프강 샤드Wolfgang Schad는 그 책의 재판본 서문에 다음과 같은 아름다운 문장을 보탰다. "언어가 가진 치유의 힘과 교육학에서 그 힘을 활용하는 것은 하인츠 뮐러의 생애 전체에 깊이 각인된 삶의 동력이었다." 뮐러의 생애에서 9세 전환기는 어떤 형태로 일어났을까?

우리는 그의 자서전에서 미래의 교사가 인생의 그 중요

---

23 하인츠 뮐러 『단어와 리듬 속에 담긴 치유의 힘Healing Forces in the Word and its Rhythms』(Forest Row, England: Rudolf Steiner Schools Fellowship Publications 1983)

한 시기에 어떤 경험을, 그것도 학교 교실에서 했는지 볼 수
있다.

10살 무렵에 나는 전통적인 상급 과정인 김나지움 입학
시험을 치렀다. 산수 구술 시험은 면제받았기 때문에
다른 학생들보다 일찍 시험이 끝났고, 안내에 따라
상급 교실로 들어갔다. 거기서 나는 태어나서 처음으로
역사 수업에 참여했다. 당시 교사가 설명하던 사건은
그때까지 한 번도 들어 본 적 없는 것이었다. 그러나 그
사건은 어쩐지 아주 머나먼 시간을 거슬러 친숙하게
들렸다. 마음속에 장면들이 떠올랐고 상상 속에서 그
그림들은 생생하게 살아 움직였다. 내 귀에 들리는
이야기와 내면에서 보이는 것이 완전히 일치되지는
않았다. 그 후로 나는 가끔씩 그 낯선 경험을 떠올리며
궁금해했다. 분명히 그전까지 나는 에페수스의 큰
화재나 그 재난이 일어난 날 밤에 알렉산더 대왕이
태어났다는 이야기를 한 번도 들어본 적이 없었다.
그런데 그 사건의 많은 장면이 아주 잘 아는 이야기처럼
들렸다. 그날 역사 교사는 고대의 7대 경이로운 건축물
중 하나가 파괴된 그 사건을 아주 생생하게 묘사했다.
그뿐만 아니라 그 교사의 입에서는 '신비적 지혜', '자기

인식' 같은 신비적 의미로 가득 찬 단어들이, 그리고
과거 아르테미스 신전에서 울려 퍼졌고 요한의 복음서
첫머리에서 다시 반복되는 그리스 단어들이 흘러나왔다.
나는 한마디도 놓치지 않고 완전히 몰입해서
경청했지만, 마음속에서는 교사의 설명과 사뭇
동떨어진 여러 그림이 보였다. 내 어린 영혼 앞에
떠오른 장면들 중에서 특히 선명했던 것은 불타오르는
사원과 그것이 바다에 비친 모습, 그리고 해면에서
신전으로 이어진 대리석 계단에 불꽃이 일렁이는
장면들이었다.(1910년에는 에페수스 신전이 바닷가에
있었다는 사실이 알려지지 않았다. 신전이 있던 곳은
세월이 지나면서 모래가 퇴적되어 자취를 감추었다)
그 후로 여러 날 동안 이 질문이 계속 맴돌았다.
어쩌다가 그 장면들이 마치 과거에 겪었던 일처럼
선명하게 내 영혼에 떠올랐을까? 첫 번째 역사 수업이
너무나 많은 질문과 신비를 남겨 주었기 때문에 그
무렵의 다른 경험들은 모두 빛을 잃어버렸다. 처음으로
요한의 복음서 첫 문장을 읽은 뒤에 나는 전혀
이해하지 못한 것은 물론이고, 오히려 더 당혹스럽고
안절부절못하는 상태가 되었다. 나중에 그 단어를 선배
학생이 낭송하는 그리스어로 처음 들었을 때도, 그

소리는 아주 깊은 인상을 남겼지만 당연히 꼬리를 물고 떠오르는 무수한 질문 중 어느 하나도 해결해 주지는 못했다. 그 질문들을 외면하려고도 해 봤지만 회피의 노력은 전부 헛수고로 돌아갔다. 그 모든 시도보다 훨씬 강력한 어떤 것이 첫 번째 역사 수업 시간에 내 영혼에서 일깨워졌다.24

에페수스의 아르테미스 신전에서 가장 중요한 것은 무엇이었을까? 루돌프 슈타이너는 그곳에서 태초의 창조적 말씀을 가르쳤고, 그 말씀에 담긴 것이 나중에 요한의 복음서 첫 문장으로 이어졌다고 했다.25 그리고 하인츠 뮐러가 슈투트가르트 발도르프학교에서 교생으로 일한 첫 날, 운명적으로 조우한 것이 바로 요한의 복음서 첫 문장이었다. 그는 그 사건을 이렇게 서술했다.

11년 뒤, 나는 요한의 복음서 첫 문장을 특별한 운명의 순간에 다시 한 번 조우했다. 전날 밤에 슈투트가르트에

---

24 하인츠 뮐러 『길 위의 흔적Spuren auf dem Weg』(Stuttgart, Germany: Mellinger Verlag 1976) p.11

25 루돌프 슈타이너 『신비의 형성Mysteriengestaltungen』(GA232)

있는 발도르프학교에 교생으로 방문해도 좋다는
허락을 받았다. 나는 아침 일찍 학교에 도착해서 인근을
산책하면서 사방에서 교사와 학생들이 등교하는 모습을
지켜보았다. 그러다가 무거운 발걸음으로 마지막 계단을
오르는 한 사람이 시야에 들어왔다. 머리가 크고 소박한
외모에 이목구비가 강렬한 남자였다. 내가 인사를 건네자
그는 깜짝 놀라며 걸음을 멈추었다. 그는 의아한 듯 나를
바라보다가 물었다. "우리가 전에 만난 적이 있습니까?"
내가 없다고 대답하자 그는 말을 이었다. "그렇다면 정말
기쁜 일이군요. 이렇게 상쾌한 아침에 햇빛은 찬란하고
새들이 지저귀는데, 내 앞에 모르는 청년이 서 있고 그가
나에게 친구처럼 인사를 해 왔으니 말이지요." 그는 분명한
오스트리아 억양으로 몇 마디를 더 하다가 갑자기 예기치
못한 방향으로 화제를 돌렸다. "내 이름은 카를입니다.
당신의 이름은 뭡니까?" "하인츠입니다." "하인츠, 우리는
친구가 되었어요. 나를 따라오세요. 나는 학생들을 만나러
발도르프학교에 가는 길입니다." 그렇게 해서 나는 카를
슈베르트 박사와 함께 발도르프학교 운동장에 처음 발을
들여놓게 되었다. 그는 자기 교실이 있는 목조 건물로
들어가고 나는 학교 행정실로 갔다. 그곳에서 루돌프
슈타이너 박사에게 내가 참관할 학급이 어딘지 물었다.

그는 어느 교실로 어떻게 가면 되는지 알려 주면서,
교실 문을 두드리고 수업을 참관하기 위해 슈타이너가
보낸 사람이라고 말하라고 했다. 교실에 도착해서
문을 두드리자 잠시 후 슈베르트 씨가 나왔다. "자네가
오늘 내게 올 줄 알았다네." 그는 이렇게 말하고서는 반
아이들에게 나를 소개했다. 교실에는 다양한 연령의
학생들이 있었다. 이곳에서 몇 주나 몇 달 동안 특별한
도움을 받다가 본 학급으로 돌아가거나, 내내 그런 도움을
받아야 하는 학생들이었다. 나는 슈베르트 선생님보다
키가 훨씬 컸다. 그는 내 뒤에 서서 내 어깨 위에 손을
올려놓은 채 이쪽저쪽으로 눈길을 돌렸다. 그러고선
이렇게 말했다. "여러분, 난 오늘 정말 기쁩니다. 아주
좋은 친구가 우리를 방문했기 때문이지요. 나는 이분을
아주 좋아하니까 여러분도 좋아해 주길 바랍니다." 인사가
끝난 뒤 나는 수업에 방해가 되지 않도록 교실 뒤에 가서
앉으려고 했지만 슈베르트 선생님은 나를 놓아주지
않았다. 오히려 나에게 특별한 일을 맡겼다. 그는 몸집이
크고 행동이 둔한 소년을 앞으로 불러냈다. 슈베르트
선생님의 표현을 빌리자면, 그 소년이 말소리를 입 밖으로
내도록 도와주어야 했다. 소년은 슈베르트 선생님과 함께
요한의 복음서 첫 문장을 매일 반복해서 낭송했는데,

오늘은 내가 그 역할을 맡게 된 것이다. 내가 그리스어 단어를 큰 소리로 말해 주면, 소년은 그에 맞춰 발을 쿵쿵 구르는 활동이었다. 반 전체가 함께하는 아침 시 낭송 등 몇 가지 활동이 끝나자, 나는 소년을 데리고 말하기와 발 구르기를 시작했다.

어느새 교실 안은 후끈 달아올랐다. 열린 창문으로 태양 빛이 그대로 들어왔다. 태양은 검은 펠트 천으로 덮은 목조 건물의 납작한 지붕 위로 열기를 보냈다. 카를 슈베르트 선생님이 나머지 아이들을 데리고 수업하는 동안 소년과 나는 발을 구르면서 그리스어 문장을 낭송했다. 갑자기 슈베르트 선생님이 나를 향해 몸을 돌리더니 왜 그렇게 작게 말하느냐고 물었다. 왜 더 큰 소리로 말하지 않느냐고. 나는 그러면 선생님의 수업에 방해가 될 거라고 대답했다. 그는 내 이유를 받아들이지 않고 직접 우렁찬 목소리로 내가 어떻게 하기를 원하는지 시범을 보였다. 그때부터 우리 두 사람은 온 힘을 다해 땀을 뻘뻘 흘리면서 치료를 시작했다. 연습이 계속될수록 나는 굼뜬 소년이 내 옆에서 발을 제대로 쿵쿵 딛도록 더 힘차게 독려해야 했다. 50분 정도 연습을 한 뒤에 우리 둘은 지쳐서 잠시 숨을 돌리러 열린 창문 앞으로 갔다. 바로 그때, 한숨과 신음 사이의 어떤 소리가, 하지만 분명히 우리가 방금 연습했던 단어와 아주 비슷한 소리가 헐떡이는 소년의 입에서 흘러나왔다. "한처음, 천지가 창조되기 전부터 말씀이 계셨다.(Ἐν ἀρχῇ ἦν ὁ λόγος)" 그는 한 단어를 말할 때마다 깊고 완전하게 숨을 내쉬었다. 뒤를 돌아보니 카를 슈베르트 선생님이 온 신경을 집중해서 귀를 기울이고 계셨다. 선생님은 먼저 청년에게 박수를 보내고, 이어서 내 어깨를 두드리며 기쁨에 찬 목소리로 말했다. "오늘 아침 만났을 때부터 바로 알아봤어요. 정말 감사한 날입니다. 태양은 빛나고 새는 노래하고 젊은 친구가 내게 인사를 했어요. 그리고 내 학생이 평생 처음으로 말을 한 날이에요." 26

말하기와 관련한 또 다른 운명의 실타래는 신체적 요인에 있었다. 하인츠 뮐러는 수업하다가 쉽게 목이 쉬었다. 두 시간만 수업을 해도 더 이상 큰 소리를 낼 수 없었다. 이 문제 때문에 그는 루돌프 슈타이너를 찾아갔다. "박사님께서는 발도르프학교 개교 전 교사를 위한 세미나에서 말하기 연습을

26　하인츠 뮐러 『단어와 리듬 속에 담긴 치유의 힘Healing Forces in the Word and its Rhythms』 p.10

많이 알려 주셨지요. 제가 말하기에서 범하는 실수와 부족함을 교정하기 위해 무엇을 하면 좋을지 조언해 주실 수 있을까요? 그리고 말하기를 통해 교육하고 치료하는 방법도 알려 주시면 좋겠습니다."[27]

루돌프 슈타이너는 뮐러를 도르나흐의 언어 형성 과정에 초대했다. 그 후 목이 잠기는 문제가 해결된 것이 분명하다. 하인츠 뮐러가 그 문제를 다시 언급한 적이 없기 때문이다. 그는 말하기에 깃든 치유력이 수업에 직접 흘러들게 할 방법에 대해 루돌프 슈타이너와 중요한 대화를 나누었다. 그는 도르나흐에서 참여했던 언어 형성 수업을 이렇게 이야기했다.

당시 루돌프 슈타이너가 소수의 사람과 처음 시도한
수업 내용의 대부분이 2년 후 연극 수업에 등장했다.
연극 과정에서는 더 상세히 배울 수 있었다. 내가 요청한
두 번째 내용은 그 2년의 과정 동안 나누었던 수많은
대화를 통해 해결되었다. 대개는 내가 특정 학생의
어려움에 대해 질문할 때, 루돌프 슈타이너가 간단한
관찰과 제안을 하는 형태로 진행되었다.
슈타이너의 첫 번째 조언 중 하나는 다음과 같다.

---

27 각주26 참고

"자신과 학생들에게 최대한 정성을 들여 말하기를
연마하십시오. 교사가 학생들에게 전하는 내용의
대부분이 아주 먼 곳에서 말하기의 날개를 타고
그들에게 도달하기 때문입니다." "아이들에게 이야기할
때는 결코 아무 생각 없이 진부한 표현들을 입에서
나오는 대로 사용해서는 안 됩니다. 현학적이고 거창한
언어로 이야기해야 한다는 뜻도 당연히 아닙니다."
"시시하고 공허한 말은 진심을 차단하며, 특히 진정한
유머가 멀리 도망가게 만듭니다. 하지만 진심과 진정한
유머, 이 둘은 교사가 학생들을 만날 때 가장 중요한
도움을 제공합니다."28

하인츠 뮐러가 어떤 생애를 살았는지 아는 사람들은 10살
소년 시절 그의 영혼 앞에 불타는 에페수스 신전의 장면이 떠
올랐던 것을 생각할 때, 고대 신비학당과 말하기의 치유력을
학생들에게 전하기 위해 애썼던 교사의 노력 사이에 어떤 내
적 상관관계가 있는지 짐작할 수 있을 것이다. 뮐러에게 운명
의 모티브였던 이 주제는 그의 생애 중 9~10살 시기에 갑자기

불타올랐다. 깨달음을 얻는 순간처럼 과거와 미래가 한꺼번에 보였다. 물론 금방 다시 시야에서 사라지긴 했지만. 첫 번째 괴테아눔에 불이 났을 때 루돌프 슈타이너 옆에 서 있던 사람이 바로 하인츠 뮐러였고, 슈타이너의 요청으로 화재의 원천이 보이도록 벽에 구멍을 뚫었던 사람도 바로 그였음을 알면 놀라움과 함께 큰 경외심을 느끼지 않을 수 없다. 당시 불길에 휩싸였던 건물이 바로 말씀의 집이었다.

괴테아눔이 화마에 무너진 뒤 3년이 지나서 하인츠 뮐러는 함부르크 반츠벡에 있는 괴테 자유 학교에서 교사 생활을 시작했다. 그는 42년 동안 발도르프 교육에 온 마음으로 헌신했고, 그 이전과 이후 어떤 사람도 해내지 못할 수준으로 로고스의 힘이 풍성하게 교육 속으로 흘러들게 했다.

이를 통해 교육은 새로운 창조적 동력을 받았다. "교육의 새로운 기원은 감각적인 것 안에 있는 초감각적인 것을 재발견할 때, 로고스가 우상이 되면서 단어에서 상실했던 정신을 재발견할 때 비로소 시작된다."[29]

---

29 루돌프 슈타이너 『현재의 정신적 삶과 교육Gegenwärtiges Geistesleben und Erziehung』(GA307)

9세를 중심으로 본
인간학

두 번째 7년 주기

인생의 특정 시기, 예를 들어 9세 전환기에 대해 알고 싶으면 그 시기가 속한 구간 전체를 먼저 알아보는 것이 좋다. 이 경우에는 학교 입학부터 대략 14, 15세까지의 기간을 살펴보아야 한다. 아동기라고 부르는 이 시기는 출생 후 두 번째 7년 기간에 해당하며, 영혼과 정신의 내적 발달 및 신체의 성장 모두가 가시화된다. 이 7년 전체를 다시 세 부분으로 나눌 수 있다.[30]

제일 먼저 신체에서 작용하는 형성력 측면에서 살펴보자. 두 번째 7년 주기의 1단계는 이갈이와 함께 머리에서 시작된다. 이어서 9~10세 전환기를 거치면서 심장과 허파로 구

---

30 루돌프 슈타이너 『인간에 대한 앎의 교육학적 가치와 교육학의 문화적 가치Der pädagogische Wert der Menschenerkenntnis und der Kulturwert der Pädagogik』(GA310)

성된 리듬 체계가 정교해진다. 다음은 일명 '어색한 시기'다. 12~14세 무렵 초기 사춘기에 해당하는 이 기간에 팔다리와 신진대사 체계가 한 단계 성숙하고 성과 관련된 기관이 발달한다. 세 단계를 거치면서 신체의 형성력은 머리부터 몸통, 사지를 차례로 빚어 나간다.

신체 성장에 발맞춰 아이의 영혼-정신도 성장한다. 학교에 처음 입학할 무렵에는 이미 이갈이가 시작되었지만 아직은 모방의 힘이 지배적이었다. 영구치가 하니둘 밀고 올라오면서 모방 능력은 점점 시들어 간다. 남은 젖니 개수보다 영구치가 두 배 이상 많아지면 아이의 치아 발달이 성숙 단계에 들어섰다고 말할 수 있다. 이 시기가 되면 모방 능력은 거의 자취를 감춘다. 이것이 9세 전환기가 시작될 무렵의 상황이다. 두 번째 7년 주기의 2단계에 접어들면 형성력은 머리에서 심장과 허파로 옮겨간다. 호흡이 성인의 비율로 성숙하면서, 아이는 '사실적 시기'로 접어든다. 이는 아동기의 한중간, 가장 균형 잡힌 시기다. 형성력이 신진대사와 사지 체계로 이동하는 3단계에서는 '지상적 성숙'이 시작된다. 사실적 시기는 끝나고 어색한 시기가 시작된다. 이처럼 두 번째 7년의 성장 과정은 치아 성숙, 호흡 성숙 그리고 지상적 성숙이라는 세 번의 정점이 차례로 이어지며, 동시에 모방과 사실적 시기, 그리고 사춘기라는 내면 발달의 3단계가 진행된다.

　　두 번째 7년의 단계별 발달 과정에서는 신체의 특정 영역이 차례로 주도권을 잡는다. 물론 이런 발달은 언제나 전체와의 조화 속에서 일어난다. 이갈이 단계에는 머리 영역의 발달이 전면에 나서지만, 의지력은 신진대사-사지 영역에서 활발히 활동하고, 아이의 일상생활에 존재하는 규칙적 리듬도 성장에 중요한 역할을 한다. 두 번째 단계에서는 머리와 사지(의지)의 양극적 힘이 리듬 체계 형성을 지원하면서, 심장과 허파 영역이 완전히 성장하고 성숙하도록 돕는다. 세 번째 단계에서는 머리와 리듬 체계가 신진대사-사지 체계에 조화롭

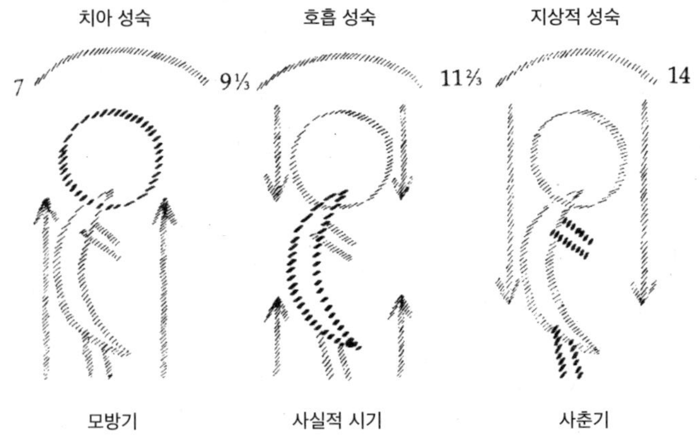

〈그림 1〉 아동기의 세 가지 발달 단계

게 작용하면서 지상적 성숙 과정을 촉진한다. 〈그림1〉은 이 과정을 시각화한 것이다.

이 그림은 루돌프 슈타이너가 여러 교육학 강의에서 언급한 삼중적 인간상을 근거로 만들었다. 신체 발달 단계가 이동하는 과정은 각각 머리, 몸통, 사지를 진한 선으로 그려 표시했다. 이런 신체 발달에 병행하여 영혼-정신의 영역에서는 모방의 시기, 사실적 시기, 이어서 사춘기 빌딜이 진행된다. 화살표는 각 단계마다 두 체계가 어떻게, 협력하면서 현재 주된 발달이 진행 중인 나머지 세 번째 체계를 지원하는지를 보여 준다.

7~14세 사이에는 두 번의 결정적 전환기가 등장한다. 하나는 9세 무렵, 다른 하나는 12세 무렵이다. 이 책의 주제는 9세 전환기이므로, 이를 중심으로 7세 아이와 12세 아이를 비교해 보자. 이를 통해 9세 전환기의 특징을 정의할 수 있을 것이다.[31]

---

31 마티올리우스H. Matthiolius_ 의학 박사. '학교 의사 활동의 기본 요소Basic Elements of the School Physician's Activity' Husemann and Wolff, eds., 『의학에 대한 인지학적 접근법Th Anthroposophical Approach to Medicine』 vol. I(Spring Valley, New York Anthroposophic Press, 1982), p.89~120

7세와 12세

사지

사지 발달에 있어 1학년과 6학년의 차이는 엄청나게 크다. 교사 주변에서 잡기 놀이를 하는 1학년 아이들의 움직임은 가볍고 우아하다. 반면 6학년 아이들의 움직임은 대단히 무겁다. 지치고 힘들어 보일 때도 있다. 움직임이 뚝뚝 끊어지고 불규칙하다. 가만히 서 있다가 느닷없이 달려 나가는 식으로 종잡을 수 없는 변덕을 부린다. 자주 균형을 잃고 비틀대거나 넘어진다. 기다란 팔다리를 질질 끌며 꿈속인 것처럼 멍하니 걸어 다닌다.

어린아이와 큰 아이의 악수하는 태도도 하늘과 땅만큼

다르다. 아침에 등교할 때 어린아이들은 교사를 보면 한달음에 달려와 반갑게 인사한다. 서로 먼저 잡겠다고 교사 주변에 몰려들어 따뜻하고 다정한 손을 내민다. 교사의 손을 한 번 더 잡고 싶어서 다시 줄 끝으로 돌아가는 아이가 있을 정도다. 1학년 때 교사는 매일 30개의 손과 악수를 했다면, 6학년 때는 두 명이 전부인 날도 있다.

또 다른 차이는 팔다리와 다른 신체 부위와의 비율이다. 1학년 아이는 오른팔을 머리 위로 올렸을 때 손가락 끝이 왼쪽 귀 위쪽에 닿을락 말락 하지만, 6학년 아이는 오른 손바닥으로 왼쪽 귀 전체를 덮을 수도 있다. 7세와 12세를 나란히 세워 놓으면 두 번째 7년 주기(좁은 의미의 아동기)에서 가장 팔다리가 짧은 상태와 가장 긴 상태를 한눈에 비교할 수 있다. 이는 다시 1학년과 6학년 아이가 자기 팔다리와 얼마나 다른 관계를 맺고 있는지에 주목하게 한다.

7세 아이의 짧은 팔다리는 깨어 있고 활발하며 즐겁게 움직인다. 이들은 사지를 통해 주변 세상과 자신을 연결한다. 이 시기 아이들은 머리보다는 손으로, 심지어 발로 배우기를 원한다. 고사리 손으로 밀랍을 굴려서 기다란 소시지 모양을 만들고, 다시 달팽이 모양으로 돌돌 감는다. 이 행위를 통해 아이는 나선의 속성을 글자 그대로 '파악(움켜쥐기)'한다. 한 발 뛰기, 두 발 모아 뛰기, 손뼉 치기를 하면서 구구단을 외운다. 사지를 이용하면 훨씬 수월하게 이런 내용을 익힐 수 있다.

12세 아이들의 팔다리는 나머지 신체와 비교할 때 상대적으로 길다. 그렇다 보니 몸이 무겁고 쉽게 지치거나 피곤해진다. 이 시기에는 사지 활동이 아이들의 사고를 깨우고 기억을 돕는 역할만 하는 것이 아니라, 역방향으로 작용하기도 한다. 즉, 사지 활동을 통해 사고를 실재로 구현하는 것이다. 나무를 깎아 그릇을 만들 때 아이의 마음속에는, 완벽하지는 않더라도 어느 정도 완성된 그릇의 상이 이미 존재한다. 손은 눈앞에 있는 나무토막이 마음속에 떠올린 그릇 모양으로 바뀔 때까지 나무의 형상을 계속 바꾼다. 사지 활동을 통해 사물이 변형된다. 특정한 형상으로 깨어난다고도 말할 수 있다. 반면 7세 아이는 아직 자신을 빚는 중이다. 이들은 사지 움직임을 통해 차츰 어떤 인식 상태에 도달한다. 손과 발로 행위를 할 때 아이는 깨어난다.

이쯤에서 반론이 제기될 수 있다. 12세 아이도 사지 행위를 통해 자신을 빚고, 밀랍 만들기를 하는 어린아이도 대상의 형상만 변형시키는 것이 아니라 나선의 개념을 파악하지 않는가. 하지만 7세 아이는 활동이 모두 끝난 뒤에야 나선이라는 형상에 대한 인식을 얻는 반면, 12세 아이는 처음부터 형상에 대한 의식을 어느 정도 지닌 상태로 작업을 하며, 내면의 상을 나무라는 사물에 부여해 나간다는 점을 간과해서는 안 된다. 두 과정은 정반대 방향에서 진행된다.

1학년 사지 활동을 통해 자신을 빚음(의식이 깨어남)
6학년 사지 활동을 통해 대상을 빚음(형태 부여하기, 창조하기)

이런 식으로 1학년과 6학년을 비교해 보면 머리에서 작용하는 휘과 사지에서 작용하는 힘의 안팎이 뒤집어진다는 사실을 깨달을 수 있다. 뒤에서 더 자세히 다루겠지만, 이 '힘의 역전'에서 9세가 되는 해는 대단히 중요한 전환점이다.

사지 측면의 대비를 살펴보았으니 이제부터는 머리에서 일어나는 변형을 살펴보자.

갓 입학한 아이들의 얼굴은 작고 둥글고 부드럽다. 볼은 통통하고 코는 작고 뭉툭하다. 치아는 한참 자라는 중이다. 영혼의 분위기는 명랑하고 활기차지만, 별처럼 반짝이는 눈은 아직 꿈속인 듯 완전히 깨어 있는 상태는 아니다. 끊임없는 물결처럼 밀려드는 감각 인상은 외부에서 아이에게 들어와 아직 잠들어 있는 머리에서 일을 하며 머리를 정교한 형상으로 빚어나간다.

이에 반해, 12세 아이의 이목구비는 훨씬 또렷해졌다. 입술은 두껍거나 얇은 형상이 명확히 드러나고, 코는 오뚝하고 눈은 잠에서 깨어났다. 아동기의 동그랗던 얼굴은 개성이 드러나는 형상으로 바뀌었고, 의식도 명쾌하다. 얼굴 전체의 윤곽선이 선명해졌다. 대개 이 무렵이면 이갈이도 모두 끝난다.

앞서 언급했듯 1학년 아이들의 머리는 나머지 신체에 비해 상대적으로 큰 반면, 6학년 아이들의 머리는 상대적으로 작다. 머리 크기와 관련해서 루돌프 슈타이너는 큰 머리 아이는 환상이 풍부하고, 작은 머리 아이는 환상은 약하지만 기억력이 좋다고 말했다.[32] 이 특성은 1학년과 6학년 아이에게도

---

32 **옮긴이** 『발도르프학교의 아이 관찰』(푸른씨앗 2021) '6가지 체질 유형' 참고

해당한다.

7세 아이의 경우, 유기체를 형성하는 힘은 머리에서 활발하게 작용하고 있지만(이는 젖니가 빠지고 영구치가 나는 것에서 분명히 볼 수 있다), 머리의 정신적 힘은 아직 잠들어 있다. 어린 시절에는 외부에서 들어오는 인상을 반쯤 잠든 상태에서 받아들인다. 다시 말해 외부 인상을 총천연색의 움직이는 상으로 만들 수는 있지만, 아직 명확한 사고 형상으로 만들지는 못한다. 7세 아이들은 교사가 들려주는 이야기 시간을 좋아한다. 작은 팔에 머리를 기대고 자기만의 상의 세계 속에 완전히 빠져든다.

빨간 모자가 할머니를 위해 들판에서 꽃을 꺾고 늑대를 만나는 이야기를 들려줄 때, 교사는 현실 세계의 요소를 사용해서 말하지만 사실 그것들은 상징이다. 빨간 모자는 어린 아이의 다혈질적 천성, 꽃은 감각 세계의 매력과 유혹, 늑대는 신진대사-사지 체계의 힘이 머리의 지성을 압도한 상태를 상징한다. 아이들은 이야기 속 늑대를, 성인이 사악한 의도의 그물망을 조여 올 때의 느낌으로 체험한다.

동화는 지혜로 가득 찬 진실을 상의 언어로 전달한다. 하지만 사고와 개념의 차원에서 볼 때 동화는 수수께끼나 허황된 환상처럼 보인다. 동화는 상상의 길을 이용해서 아이들을 현실 세계의 진짜 모습, 실재로 안내한다. 동화는 깨어나기

직전에 꾸는 꿈과 비슷하다. 그런 꿈에서는 주변 사물의 본질
이 더욱 명확하게 드러난다.

이제 12세 아이의 머리에서 무슨 일이 벌어지는지 살펴
볼 차례다. 여기서도 우리는 7세와 12세 아이의 머리에서 일
어나는 과정이 사지 영역에서처럼 반대 방향으로 진행되는
것을 볼 수 있다.

12세 무렵에 아이들은 첫 번째 물리학 수업을 받을 준비
가 된다.[33] 첫 수업은 간단한 실험으로 시작한다. 유리그릇에
물을 채우고 조금씩 탁하게 만든다. 이 불투명한 용액을 통과
하는 불빛이 어떻게 달라지는지를 관찰한다. 정확하게 관찰
하기 위해서는 한발 뒤로 물러나야 한다. 심리학 용어를 빌리
자면 반감의 태도 혹은 반감의 자세다. 대상에게 어떤 식으로
든 영향을 주거나 상태를 바꾸지 않으면서 있는 그대로 관찰

---

33 카롤리네 폰 하이데브란트Caroline von Heydebrand 『첫 번째 발도르프학교의 교육
　　과정The Curriculum of the First Waldorf School』 repr.(Forest Row, England:
　　Rudolf Steiner Schools Fellowship Publications, 1986) p.17
　　ㄴ 물리학: 이 학년에는 아이가 첫 번째 물리학 수업을 받을 준비가 된다. 여기서도
　　　교사는 성장하는 아이에게 자연스럽고 건강한 방법, 즉, 예술에서 지적인 것으로
　　　이어지는 방향을 따라야 한다. 음악에서 음향학으로 인도하고, 그런 다음 후두를
　　　설명해야 한다. 아이에게 학교 생활 시작부터 익숙했던 색채와 수채화는 광학으로,
　　　그리고 색과 빛의 현상으로 이어져야 한다. 눈에 관해 논의해서는 안 된다. 아이는
　　　아직 살아 있는 신체 속 감각 기관의 작동에서 물리 법칙의 적용을 이해할 준비가
　　　되지 않았다. 열, 전기, 그리고 자기 수업을 도입할 수 있다. 현상에서 시작해서
　　　일반적인 법칙을 끌어낼 수 있다.

하기 위해서다.

아이들은 용액이 불투명해질수록 전구의 불빛이 노랑에서 주황으로, 마침내 빨강으로 변하는 것을, 그리고 물이 점점 푸르스름하게 보이는 것을 관찰한다. 교사가 들려주는 동화를 따뜻한 공감 속에서 몰입해서 듣는 1학년 아이들의 상태와 얼마나 다른 모습인가! 다음 날 아이들은 전날 실험을 기억에서 떠올린다. 관찰 대상은 더 이상 외부 세상에 없다. 오직 기억에만 존재한다. 이제는 학생 자신의 영혼 상태로 인한 왜곡이 회상에 영향을 미치지 않도록, 이전보다 더 강도 높은 거리 두기, 한층 강력한 '반감'이 요구된다. 여기서도 7세 아이들과의 큰 차이를 볼 수 있다. 어린아이들의 기억에는 귓가에 들려오는 교사 음성에 대한 공감과 내면에서 진행되는 상의 활동 덕에 포근한 온기가 깃든다.

셋째 날, 6학년 아이들은 색채 현상의 원리를 사고한다. 불투명한 매질을 통과할 때 활성화되는 것이 색채의 본질이라는 것을 알아차릴 때 색채 법칙의 어떤 부분을 파악한다. 이것이 색채의 법칙을 파악하기 위한 첫걸음이다. 어둠의 수동적 속성은 불투명한 물에 빛을 비추면 물이 푸르스름하게 보이는 것으로 드러난다. 이런 실험을 통해 아이들은 색채의 발생 과정을 경험의 영역 속으로 받아들이고 그것과 개인적 관계를 맺는다. 어떤 면에서 보면 7세와 12세 아이의 내적 지각은 이 지점에서 만난다. 하지만 엄청난 차이가 있다! 1학년은 온 마음을 다해, 살아 움직이는 내면 상으로 가득 찬 상태로 교사의 음성에 귀를 기울인다. 존재 내부에서 샘물이 퐁퐁 솟아나듯 계속해서 눈앞에서 펼쳐지는 이야기의 상을 받아들인다. 12세 아이들 역시 내면에 빛의 원천에서 빛이 흘러나오고 그것이 색채로 드러나는 것을 경험한다.

7세 아이는 아주 쉽게 상상의 세계에 몰입할 수 있다. 교사의 목소리에 조용히 귀 기울이기만 하면 상상의 세계는 아이들에게 문을 활짝 열어 준다. 반면 12세 아이가 외부 인상을 내면의 상으로 만들고 파악하기 위해서는, 먼저 그 인상들을 며칠 동안 내면에서 충분히 숙성시킬 시간이 필요하다.

7세와 12세 아이의 머리 영역에서 일어나는 과정을 다음과 같이 요약해 볼 수 있다.

1학년 머리에서 아직 잠들어 있는 정신은 상상의 세계에서 활발하게 움직인다. 시간이 지나면서 감각 세계를 올바르게 이해하기 위해 깨어난다.

6학년 이제 머리에서 완전히 깨어난 정신이 감각 세계 속으로 침투한다. 그리고 영혼의 심층부, 잠자는 영역에서 상상의 세계를 발견한다.

몸통

지금까지는 사지 체계와 머리 체계의 발달에서 볼 수 있는 뚜렷한 대조에 집중했다. 이제는 몸통 조직에도 그런 차이가 존재하는지 살펴볼 차례다. 가장 먼저 눈에 들어오는 것은 놀랍게도 1학년 아이와 6학년 아이가 나란히 앉아 있을 때 서 있을 때만큼 키 차이가 크지 않다는 사실이다. 두 사람의 앉은키와 선키의 차이는 확연히 다르다. 어린아이의 몸통은 원통형에 가깝고, 동그란 배는 부드럽고 포근한 느낌을 준다. 6학년이 되면 특히 여학생의 허리는 이미 잘록한 윤곽이 뚜렷해진다. '개미허리'를 강조하기 위해 보정 속옷을 입는 경우도 드물지 않다. 초기 사춘기라 부르는 12세 무렵 아이들은 체중이 증가하는 경향이 있다. 6학년 남학생들은 신체 형태의 분화가 분명해진다. 골격 구조가 두드러지면서, 어릴 때 남녀 구분 없이 둥글고 보드라운 몸매였던 것과 선명한 대조를 이룬다.

가슴의 심장과 허파가 중심인 리듬 체계는 영혼의 감정 활동에서 표현된다. 어린아이의 리듬 체계에서는 호흡이 우세하다. 다시 말해 허파를 공기로 완전히 채우지 않고 얕고 빠르게 호흡한다. 큰 아이들, 특히 남학생이 호흡할 때 갈비뼈의 움직임을 보면 들숨과 날숨의 과정이 훨씬 완전하게 이루어지는 것을 알 수 있다. 큰 아이들의 호흡은 깊고 상대적으로 느리다.

맥박이 뛰는 속도는 두 연령이 사뭇 다르다. 어린아이는 호흡은 훨씬 빠르고 맥박은 상대적으로 느리다.[34] 맥박과 호흡 비율에서 호흡이 우세하다는 특성은 이들의 영혼 발달과도 일맥상통한다. 주변 세상에서 오는 감각 인상도 결국은 공기로 호흡하는 과정을 통해 내면과 연결된다. 스스로를 보호하는 힘이 약한 어린아이들은 감각 인상에 쉽게 압도당할 수 있다. 무슨 일 때문에 펑펑 울다가도 옆에서 다른 일이 생기면 아직 눈물도 닦지 않은 얼굴로 큰 웃음을 터뜨릴 수 있다. 어린아이의 감정은 주변 세상에 좌우된다는 사실을 이보다 더 선명하게 보여 주는 예도 드물다.

이들에 비해 12세 아이의 호흡은 느리지만 맥박은 상대적으로 빠르다. 7세 아이가 주변 세상에 쉽게 압도되는 것처

34 　루돌프 슈타이너 『인간에 대한 정신과학적 앎의 관점에서 나온 교육 방법론 실재Die pädagogische Praxis vom Gesichtspunkte geisteswissenschaftlicher Menschenerkenntnis. Die Erziehung des Kindes und jüngerer Menschen』(GA306)

　↳ 호흡과 혈액 순환이 내적으로 조화를 이루는 방식, 아이가 학교에서 호흡하는 방식, 그리고 호흡이 점차적으로 혈액 순환에 적응하는 방식, 이 모든 일이 일반적으로 9세와 10세 사이에 일어난다. 처음에는, 9세까지 아이의 호흡이 머리에 있다. 이는 유기체 내부의 내적 투쟁을 통해 맥박과 호흡 사이에 일종의 조화가 자리 잡을 때까지 그렇다. 이어서 혈액 순환이 우위를 차지하는 때가 온다. 그리고 이 일반적인 변화는 신체 영역과 아이의 영혼 영역에서 일어난다.

럼, 이들은 내면에서 요동치는 격렬한 감정, 신진대사 영역에서 혈액의 파도를 타고 위로 솟구치는 강한 감정의 힘에 쉽게 휘둘린다.

이렇듯 1학년 아이들은 기본적 공감의 경향성으로 인해 주변 세상과 완전히 엮여 있다. 본질적으로 그들은 주변 세상에 대한 자신의 감정에 전혀 저항하지 않는다. 하지만 12살 아이들은 유기체에서 솟아오르는 감정 때문에, 아직 외부 세상을 받아들이지 못했기 때문에 사사건건 세상에 저항한다. 처음에는 이런 반감이 신체에 얽매여 작용하지만, 외부 세상에 대한 정확한 개념을 형성하기 위해 반드시 필요한 힘이다. 6학년부터 시작하는 과학 수업은 반감의 힘이 올바른 방향으로 발달하도록 돕는다.

다음은 7세와 12세의 경험이 얼마나 다른지를 보여 주는 두 가지 사례다.

1. 신체에 묶여 있는 반감(12세)

쉬는 시간 종이 울리자 6학년 아이들은 운동장으로 우르르 나갔다. 그런데 한 여학생이 책상에 엎드려 있다. 움켜쥔 두 주먹 위에 머리를 올려놓은 채 눈을 꼭 감고 있다. 누가 보면 심장이 터질 만큼 큰 감정의 동요를 겪고 있다고 여기겠지만 그럴 만한 사건은 전혀 없었다. 한참 뒤에 큰 숨을 내쉬고 주

먹으로 책상을 두어 번 쾅쾅 내리치더니 자리에서 일어나 문으로 갔다. 교사는 "무슨 일 있니?" 하고 다정하게 물었다. "아니에요." 학생은 차분한 목소리로 교사를 안심시켰다. "정말이에요, 아무 일도 없어요." 그러더니 활짝 웃으며 친구들을 찾아 밖으로 나갔다.

이런 일은 1학년 교실에서는 거의 볼 수 없지만 사춘기에 접어드는 교실에서는 아주 흔하다. 반감의 힘이 신체 아래쪽에서 솟구치면, 아이는 잠깐이라도 주변 세상에서 완전히 물러나 자기 안으로 들어가야 한다. 이 나이 아이들의 감정 생활을 좌우하는 것은 외부 세계가 아니라 내면 세계다. 신체에서 올라오는 수많은 요소가 불쾌한 느낌으로 내면 세계를 자극하는 것이다. 대개 이들은 자기가 왜 그런 감정을 느끼는지 말로 설명하지 못한다. 7세 아이가 무엇 때문에 자기가 그런 식으로 반응하게 되었는지를 모르는 것과 마찬가지다. 어린 아이들은 신체 형성에 작용하는 모방의 힘을 통해 그들에게 들어온 외부 요소에 크게 영향을 받는다.

2. 공감의 힘을 통해 외부 세상이 영향을 미치는 예(7세)

1학년 여학생 한 명이 저속한 단어를 사용했다. 속상한 교사는 아이들에게 말했다. "여러분은 듣지 못했을 수도 있는데, 방금 어떤 친구가 아주 흉한 말을 했어요."

"저도 들었어요." 여학생 근처에 있던 아이들이 큰 소리로 말했다. 한 남학생은 그 말을 해 보고 싶어서 안달을 하며 손을 번쩍 들었다. 교사는 그렇게 추한 말을 자기는 도저히 입 밖으로 낼 수 없으니 대신 말해 줄 수 있겠냐고 물었다. 남학생은 자리에서 일어났지만, 교사의 슬픈 얼굴을 보는 순간 마음이 흔들렸다. 아이는 작은 소리로 "저도 말 못 하겠어요."라고 말하며 자리에 앉았다.

지금까지 살펴본 내용을 도표로 정리해 보자.

	1학년	6학년
머리	크다 상상적 잠들어 있다	작다 추상적 사고 깨어 있다
몸통	둥글다 주변 세상과 하나로 얽힌 상태 잠들어 있다	가늘고 길다 내면생활 꿈꾸고 있다
사지	짧다 주변 세상과 관계 깨어 있다	길다 내면 세상과 관계 잠들어 있다

　7세와 12세 어린이를 비교하면서 설명한 머리, 몸통, 사지의 차이점은 당연히 5세와 14세 아이에게도 존재한다. 9세 전환기를 중심으로 양쪽 거리가 멀어질수록 차이는 더 뚜렷해진다.

자기 집 안으로 들어감

7세와 12세 아이를 비교해 보면, 그 사이에서 외면과 내면 모두가 근본적인 변화를 겪는다는 사실을 알 수 있다. 삼중적 인간의 3가지 체계 전체가 변형된다. 이제 아이가 '자기 집으로 들어갔고', 그 집의 확실한 주인이 되었다고도 말할 수 있다. 이제부터 생각해 볼 질문은 이 사건에 어떤 규칙이나 법칙성이 존재하는가이다.

루돌프 슈타이너는 한쪽에서 사라졌던 물줄기가 다른 곳에서 다시 솟아난다는 말을 한 적이 있다. 그러면서 인간 영혼의 특정 과정을 이런 자연 현상과 비교했다. 그 영혼 과정은 인간 내면 깊은 곳으로 사라졌다가 시간이 지난 뒤에 변형된 형태로 다시 나타난다. 이 관점으로 7세와 12세 아이의 차이를 생각해 보면 몇 가지 특징을 발견할 수 있다. 예를 들어 7세 아이의 머리 영역에 있던 어떤 특성이 자취를 감추었다가 12세의 사지 체계에서 다시 드러나는 것이다. 어린아이의 머리는 신체 나머지 부분에 비해 상대적으로 크다. 그들의 머리는 잠든 상태로, 자기만의 환상의 세계에서 살아간다. 마찬가지로 12세 아이의 기다란 사지는 잠든 상태로 자신의 내면 세계와 연결되어 있다. 7세 아이의 짧은 팔다리는 주변 세상과 연결되어 활발히 움직인다. 그들의 사지는 깨어 있다. 이 특성도 사라졌다가 나중에 12세 아이의 머리 특성으로 다시 나타난다. 12세 아이의 머리는 상대적으로 작다. 이들은 신경-감각 활동을 통해 세상과 활발하게 관계를 맺는다. 이때 머리의 정신적 힘은 깨어 있다. 리듬 체계의 성격도 재편된다. 12세 아이는 더 이상 주변 세상을 단순 모방하지 않는다. 세상을 자기만의 방식으로 내면에서 체험하고, 이를 주변 세상과 의식적으로 대조한다.

이런 역전은 어떻게 일어날까? 위에서 내려오는 힘과 아래에서 올라가는 힘이 모두 참여하는 일종의 내적 '리모델링'이 있어야 가능한 일 아닐까? 이런 가정을 뒷받침해 주는 것이 혈액 순환과 호흡의 리듬에 존재하는 특정 현상이다. 위에서 아래로 내려가는 움직임은 호흡할 때 허파가 더 깊고 강하게 움직이는 것으로 표현된다. 하강 리듬을 닮은 이 과정을 아래에서 위로 올라가는 또 다른 움직임이 상쇄한다. 상승하는 리듬은 혈액과 신진대사 체계에서 나와 위로 올라가며, 사춘기에 가까워질수록 더 힘차게 솟구친다.[35]

호흡과 맥박은 자신과 합일한 인간의 내적 조화의 표현이다. 둘이 균형을 이룬 상태는 네 번의 심장 박동에 한 번의 들숨과 날숨이 일어날 때다. 학교 의사인 하두모트 뢰트게스 Hadumoth Rötges는 9세 무렵에 '어떻게 상승하는 맥박 곡선과 하강하는 호흡 곡선이 서로 만나는지' 설명한다. 그 무렵에 두 흐름은 서로를 상쇄하며 잠깐 동안 1:4의 비율을 이룬다.[36] 이는 혈액과 호흡 중 어느 하나가 우세하지 않고, 조화를 이루었음을 의미한다. 이 전환의 순간에 '자아는 신진대사와 연결된다.' 그리고 아이는 자신을 세상과 분리된 존재, 세상과

35　루돌프 슈타이너의 『인간에 대한 앎에서 나오는 교육과 수업』(GA302a, 푸른씨앗 2024) 2장과 『인간에 대한 정신과학적 앎의 관점에서 나온 교육 방법론 실재Die pädagogische Praxis vom Gesichtspunkte geisteswissenschaftlicher Menschenerkenntnis. Die Erziehung des Kindes und jüngerer Menschen』 (GA306) 5장

36　하두모트 뢰트게스Hadumoth Rötges 「인생의 아홉 번째 해에는 정신적, 영혼적, 신체적으로 어떤 일이 일어날까?Was geschieht im neunten Lebensjahrgeistig- seelisch un körperlich?」 in Erziehungskunst, No. 3, March 1952

대립하여 서 있는 자아 존재로 체험한다.[37]

이렇게 아이가 '자기 집으로 들어가는' 과정은 리듬 체계의 호흡 및 혈액 순환 과정을 통해 촉진된다. 이 '들어감'을 상승, 하강 움직임이 잘 보이는 그림으로 도식화해 보자.

〈그림 2〉

---

37 루돌프 슈타이너 『치료에 대한 정신과학적 관점Geisteswissenschaftliche Gesichtspunkte zur Therapie』(GA313)

126

여기서 루돌프 슈타이너가 강의에서 사용한 삼중적 인간 그림이 특히 유용하다.[38] 선과 초승달 형상, 원이라는 기하 도형으로 그린 이 인간 형상은 움직임을 통해 서로의 상태로 변형시킬 수 있다. 원을 한쪽에서 계속 잡아당기면 처음에는 초승달 모양이 되었다가 마침내 완전히 열리면서 선이 된다. 다시 수축시키면 원으로 돌아간다. 가운데 부분의 곡선은 먼저 외부에서, 그런 다음 내부에서 형성된다. 이런 식으로 형상을 움직이면 사지에서 몸통을 거쳐 머리로, 다시 머리에서 몸통을 거쳐 사지로 변형되는 과정을 시각화할 수 있다. 이는 물질 영역에서는 관찰할 수 없고 오직 영혼-정신 차원에서만 볼 수 있는 과정이다.

〈그림3〉처럼 두 형상을 서로 마주 보게 그려서 7세와 12세 아이를 표현할 수도 있다. 가운데 선 하나를 따라가면 1학년의 사지 영역에서 6학년의 머리 영역으로 이어지는 상승 움직임을 볼 수 있다. 다른 선은 1학년의 머리 영역에서 6학년의 사지 영역으로 가는 하강 움직임을 상징한다. 리듬 체계에서 일어나는 변화는 원으로 표시했다. 7세 아이가 주변 세상에서 받아들이는 인상은 바깥에서 다가오는 화살표로 표시했고, 12세 아이

<hr>

38　루돌프 슈타이너 『1학년부터 8학년까지의 발도르프 교육 방법론적 고찰』(GA294, 밝은누리 2009) 7장

가 세상을 향해 갖는 개인적 감정은 외부에서 오는 화살표와
반대 방향으로 움직이는 화살표로 표시했다.

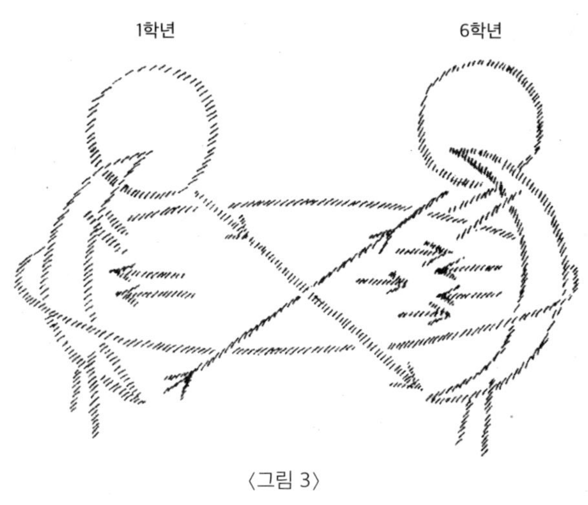

〈그림 3〉

루돌프 슈타이너가 9세의 '인생 전환점'이라고 부른 순
간은 정확히 두 선이 교차하는 지점에서 일어난다. 이 교차점
혹은 전환점을 더 자세히 이해하려면 머리-힘과 사지-힘이
역전된다는 의미를 숙고해 보아야 한다.

머리의 정신적 힘은 계속 잠들어 있고, 내면 인상은 환상
으로 가득 차 있으며, 지각은 모방의 힘을 통해 주변 세상에

묶여 있다면 성장하는 인간에게 어떤 결과가 초래될까? 이 상태에서는 주변 세상이 계속해서 그 사람을 좌지우지하리라는 것을 금방 알아볼 수 있다. 세상에서 자신을 떼어 내서 세상일을 숙고하거나, 자기 내면에서 사고-동력을 불러일으킬 가능성이 전혀 없다. 자아는 머리의 기능 속으로 들어갈 수 있어야 한다. 그래야만 외부와 내부의 영향에서 자유로운 사고를 형성할 수 있기 때문이다.

한발 더 나아가, 신진대사-사지 체계가 어린 시절에 지녔던 깨어 있는 지각을 그대로 유지하면 어떤 일이 일어날지도 질문해 볼 수 있다. 이 경우에 우리는 주변 세상을 목적의식적으로 변형시킬 가능성을 포기해야 할 것이다. 어린아이들은 창조력을 상상의 세계 안에 가두어 둔 채 그 힘을 놀이에서 다 소진하기 때문에, 돌이나 나무를 변형시키는 조각가처럼 외부 대상에게 발휘할 창조력이 남아 있지 않다. 그러므로 자아는 의지-충동과도 연결되어야 한다.

리듬 체계에서도 비슷한 상황이 벌어진다. 성인이 주변 세상에서 자극하는 감정으로만 산다고 가정해 보자. 그는 공감과 반감의 힘에 무력하게 끌려다닐 수밖에 없을 것이고, 내적 균형을 잃게 될 것이다. 내면의 균형은 오직 공감과 반감의 활동 속에서 자아를 체험할 때만 성취할 수 있는 것이기 때문이다. 공감과 반감을 지각의 차원으로 끌어올릴 수 있을 때만 두 힘의 직접적 영향력에서 해방될 수 있다. 이 또한 오직 자아를 통해서, 자아가 지각을 통해 느낌 영역 안에서 성장할 때만 가능한 일이다.

9세까지는 영혼의 세 영역 모두에서 환경의 영향이 우세하다는 것을 알 수 있다. 그러다가 모방 능력이 점차 고갈되면서 그 발달 단계 전체가 종료된다. 이제 새로운 힘이 활동하기 시작한다. 영원한 개별 정신인 자아가, 위에서 설명한 변형 과정을 통해 신체를 장악한다. 자아는 이 과도기 단계, 균형이 무너지는 시기에 들어온다. 9세 전환기가 특별히 어려운 이유가 여기에 있다. 성적이 갑자기 떨어지는 등, 이 무렵에 전에 없던 문제가 발생한다면 이것이 주요한 요인일 수 있다.

9세 전환기를 탄생과 비교해 볼 수 있다. 출산과 함께 아이가 엄마에게서 신체적으로 자유로워지는 것처럼, 9세 전환기를 거치면서 아이의 영혼은 지금까지 모방을 통해 한 몸으로 살아오던 주변 세상에서 해방된다. 이렇게 태어난 아이의 영혼도 갓 태어난 아기처럼 부모와 교사가 보호하고 사랑으로 돌봐 주어야 한다.

아이들은 이 전환기를 어떻게 경험할까? 눈에는 슬픔이 깃든다. 발걸음은 무겁고, 모든 면에서 예민해진다. 그렇게 익숙하고 편안하던 세상이 낯설게 느껴진다. 가끔씩 그 낯선 세상에서 완전히 물러나고 싶은 충동을 느낀다. 세상과 자기 사이에 벽이 생긴 것이 어리둥절하다. 엄마, 아빠, 친구들이 이제는 자기 세계 밖에 서 있다고 느낀다. 그들은 이전 상태를 그리워한다. 그들은 이해받고 사랑받기를 갈망한다. 하지만 신비로우면서도 당황스러운 무언가가 그들을 가로막고 있다.

이 고독 속에서 지극히 섬세하고 미묘한 감정이 자라난다. 무엇도 이 경험을 방해해서는 안 된디. 입빅을 사하거나 호기심으로 들춰 보아서도 안 된다. 그 속에서 비로소 아이는 자신을 발견하고 자아를 만나기 때문이다. 이 외로움 속에서 아이는 자아의 중심에서 세상을 향해 나가게 될 것을 감지한다.

부모가 어떤 영혼 정서를 갖고 이 어려운 시기를 통과하는 아이 곁을 지켜 주는지가 대단히 중요하다. 불안한 환경, 쉽게 포기해 버리는 현대인의 경향성, 대도시 삶의 피상성, 모든 요소가 이 과정을 더욱 어렵게 만든다. 하지만 심장의 기쁨이 있다면, 어른들이 운명의 난관에 맞서 어떻게 흔들림 없이 서 있는지를 볼 수 있다면, 아이들 내면에서 자아-확신의 불꽃은 계속 타오를 것이다. 이 전환기에 일어난 일이 생애 전체에 영향을 미칠 수도 있다. 자아가 강한 사람으로 성장할지, 자아가 약한 성격이 될지가 이 시기 경험에서 결정되

는 경우가 드물지 않다.[39]

---

39 루돌프 슈타이너 『인간의 건강한 발달Die gesunde Entwickelung des
Menschenwesens』(GA303) 참고
　↳ 교사가 이 상황에 대응하는 방식은 아이의 평생을 좌우하는 결정적 요인이 될 수
　있다. 불안정한 성격으로 자랄지 아니면 삶에 강하게 통합된 사람으로 자랄지는
　교사가 이 중요한 시기에 얼마나 내면의 확신과 이해를 가지고 행동하는지에 달려
　있다.

루돌프 슈타이너 『7~14세를 위한 교육 예술』(GA311, 푸른씨앗 2022) p.71~73도 참고
　↳ 9, 10세 아이의 잠재 의식 속에 다음과 같은 느낌이 완전히 본능적으로 일어납니다.
　"선생님한테 모든 것을 배웠어. 그런데 선생님은 어디에서 그런 것을 배웠을까?
　선생님의 배후에는 무엇이 있을까?" 물론 여기서 자세히 다룰 필요는 없지만, 그
　상태에 있는 아이에게 정의 내리기나 설명으로 접근하면 아이와의 관계는 손상될
　뿐입니다. 가슴에서 나오는 진심 어린 말을 찾는 것이 중요하고, 그런 따뜻한 말을
　통해서 (아이의 어려움은 보통 장기간 지속됩니다. 여러 주, 여러 달 동안
　계속됩니다) 아이와 교사 사이의 간극을 극복하고 아이 내면에 교사의 권위를
　올곧게 유지할 수 있습니다. 특히 그 나이가 되면 교사의 권위에 대한 의심이
　생겨납니다. 교사는 아이의 그 상태를 대할 준비가 되어 있어야 합니다. 달리 말해 그
　연령대에 생겨나는 어려움을 직면하는 방식에 영혼을 가득 담을 줄 알아야 하고,
　아이를 대할 때 친밀성, 신뢰성, 진실성을 가지고 권위를 유지해야 합니다. 그렇게
　해서 어떤 결과가 나온다고 해도, 그것은 아이가 교사에 대한 권위를 확신하기
　때문만은 아닙니다. 아이가 교사의 권위를 확신한다면, 물론 수업을 하기에는
　좋습니다. 중점은 인간 본질에 놓여 있습니다. 9, 10세에 바로 이 나이에 선하고
　훌륭한 인간에 대한 믿음이 흔들려서는 안 되는 게 인간 본질입니다. 그렇지 않다면
　인생을 인도해야 할 내적 확신이 모두 불안정하게 흔들리고 맙니다.
　이는 진실로 의미심장한 것입니다. 우리는 이런 모든 것에 매달리고 의지해야
　합니다. 인생의 특정 시점에서 들어서는 것이 무엇인지, 그것을 어떤 태도로 대해야
　하는지를 아는 것이, 교육학에서 지시하는 성가시고 소소한 모든 것보다 훨씬 더
　중요합니다. 그런 태도에서 나오는 올바른 빛이 아이 인생 전체를 밝게 비출
　것입니다.

교과 과정은 어떤 도움을 주는가

루돌프 슈타이너가 발도르프학교 3학년 수업을 위해 제안한 모든 내용은 아이가 '자아'를 수용할 그릇을 형성하는 것과 관계가 있다. 예를 들어 3학년에서는 집짓기 수업을 한다. 벽을 세우고 위에 지붕을 올린다. 그렇게 외부 세계와 자신을 분리한다. 이 활동에서 아이들은 내면 공간이 만들어지는 경험을 한다. 이들이 찾는 것이 바로 이 공간 경험이다. 그 속에서 아이들은 자신을 발견한다. 3학년 수업에서 아이들은 농부가 어떤 일을 하는지도 배운다. 땅을 갈고 씨를 뿌린다. 이 과정에서 아이들 내면에는 다음과 같은 상이 자란다. "흙을 뚫고 씨앗이 올라오는 것처럼 나의 '자아'도 영혼 속에서 싹을 틔운다."

모국어와 외국어 시간에는 시를 배운다. 시는 발도르프학교에서 특히 중요하게 여기는 요소다. 이를 통해 아이들은 어떻게 자아와 함께 단어의 소리 속으로 들어갈 수 있는지, 그리고 언어의 씨앗인 소리에서 어떻게 상을 불러낼 수 있는지를 배운다. 이 능력을 획득한 아이들은 내면에서 길어 올린 내용으로 세상에 자신을 표현할 수 있음을 깨닫는다. 이 시기에 들려주는 이야기의 중요성은 '9~10살 아이를 둔 학부모를 위한 강연'(이 책 56쪽)에서 언급했다.

음악 수업은 어떨까? 9세 이하 아이들은 주로 5음계 음조 속에서 살아간다. 5음계에는 주음主音도, 반음도 존재하지 않는다. 9세가 되면서 아이들은 교사의 안내에 따라 장조와 단3도의 세계로 들어간다. 아이들은 장조와 단조를 넘나드는 것을 '자아'의 움직임으로 경험하면서 큰 기쁨을 느낀다.[40]

40　카롤리네 폰 하이데브란트Caroline von Heydebrand 『첫 번째 발도르프학교의 교육과정The Curriculum of the First Waldorf School』 repr.(Forest Row, England: Rudol Steiner Schools Fellowship Publications, 1986) p.12

↳ 음악 오이리트미: 단순한 샵과 플랫 음을 배우는 데서 이런 음으로 구성된 멜로디로 단계별로 나가야 한다. 이 측면에서 우리는 9세와 10세 사이 아이가 지금까지와 다른 의식으로 세상에 서 있음을 기억해야 한다. 장조와 단조가 처음으로 아이의 체험에서 내용을 갖기 시작한다. 이런 방식으로 장3도와 단3도 인터벌을 아이에게 소개할 수 있다. 그렇지만 음악에서 단조 요소는 오이리트미에서 많이 연습해서는 안 된다. 12세 아이의 본성이 지상적 인간의 음악 요소를 깊이 파악하는 데 적합하지 않기 때문이다.

루돌프 슈타이너 『인간에 대한 정신과학적 앎의 관점에서 나온 교육 방법론 실재Die pädagogische Praxis vom Gesichtspunkte geisteswissenschaftlicher Menschenerkenntnis. Die Erziehung des Kindes und jüngerer Menschen』(GA306)도 참고하라.

↳ 그리고 9세와 10세 사이에 정말로 놀라운 일이 일어나기 시작한다. 아이는 음악적 요소를 훨씬 친숙하게 느낀다. 아이는 전보다 훨씬 더 많이 음악과 리듬에 몰두하기를 원한다. 우리가 9세와 10세 사이 지점까지 아이가 음악에 어떻게 반응하는지, 음악적 요소가 아이 안에서 형성하는 힘으로 어떻게 살아가는지, 그리고 당연하게도, 음악적 힘이 물질 육체의 내부를 빚는 작업에서 어떻게 활동하는지를 관찰한다면… 우리가 음악에 대한 아이의 친화성이 춤과 같은 움직임을 수행하려는 열의로 쉽게 모습을 드러내는지 알아차린다면, 그러면 우리는 음악을 파악하는 아이의 진정한 능력이 9세와 10세 사이에 성장하기 시작한다는 것을 인식할 수밖에 없다. 그때 이것이 명확하게 눈에 들어오게 된다. 당연히 이런

호흡이 성숙 단계에 들어선 아이들을 위해 소프라노 리코더로 호흡 발달을 돕는다. 플루트, 오보에, 클라리넷, 바순처럼 깊고 긴 호흡을 요구하는 관악기는 호흡 발달이 완료되는 12세 이후에 시작한다. 리코더가 9세 아이들에게 적합한 악기인 것과 마찬가지로, 현악기는 12세 아이들에게 적절하다. 악기 다루는 능력을 본질적으로 심화시킬 수 있는 시기이기 때문이다. 사지 움직임이 서툴러지는 12세 시기에 바이올린을 연주하기 위한 활 연습으로 그 경향성을 완화, 극복할 수 있다. 9세와 12세라는 두 번의 중요한 전환기에 음악은 대단히 좋은 치료제다.

9세의 위기에서 루돌프 슈타이너의 교과 과정이 제공하는 도움은 3학년 수업에 국한되지 않는다. 사실 1학년부터 6학년까지 모든 학년의 교과 과정과 수업 방식이 '역전'의 원리를 따른다. 신체 발달은 영혼-정신 발달과 나란히 진행된다. 이를 자세히 설명하는 것은 이 책의 범위를 넘어서지만, 1학년과 6학년의 교과 과정을 비교해 보면 이 원칙이 큰 틀에서 어떻게 구

것들은 엄격하게 구분된 분류로 나눌 수 없다. 이것을 완전히 파악할 수 있다면, 9세 이전에 음악적 접근 방식을 개발할 것이고, 적절한 방식으로 그렇게 할 것이다. 지금은 제안된 방향으로 기울어질 것이다. 그렇지 않으면 9세와 10세 사이 아이는 큰 충격에 빠지게 될 것이다. 갑자기 너무 강력하게 음악적 요소에 노출된다면, 적절한 준비 없이 음악적 경험에 사로잡히게 된다면 말이다.

현되는지를 볼 수 있다.

아직 잠들어 있는 1학년 아이들의 머리에 외부에서 정한 분량의 지식을 억지로 쑤셔 넣는 일반적 관행과 달리, 발도르프학교에서는 머리가 아니라 손, 발, 팔, 손가락 같은 사지로 먼저 배운다. 한 발 뛰기, 두 발 뛰기, 걷기, 손뼉 치기를 하면서, 혹은 재미난 손유희를 하면서 구구단을 낭송한다. 손가락으로 수를 세고, 더하기, 빼기를 한다. 손가락을 이용해서 뜨개질하는 법도 배운다. 여학생만이 아니라 남학생도 수공예를 배운다. 오이리트미[41] 수업의 역할은 특별하다. 아이들은 움직임을 통해 말하기-소리의 거대한 세계로 들어간다. W 소리와 함께 파도가 되고, B 소리와 함께 곰이 되고, R 소리와 함께 구르는 바퀴, 물처럼 흐르는 L 소리와 함께 솟아나는 샘물처럼 움직인다.

6학년에서는 이 수업들이 어떻게 달라질까? 손으로 지각하고 이해했던 것에서 무엇이 생겨날까? 6학년에서는 자연과학 수업이 시작된다. 이제 아이들은 관찰하는 방법과 관찰한 내용을 사고하는 방법을 배운다. 대상을 파악하고 개념화

---

41 **옮긴이** 오이리트미Eurythmie_ '아름다운 움직임', '조화롭게 정돈된 움직임'을 뜻하는 그리스어, 언어와 음악을 움직임으로 시각화한 동작 예술로 루돌프 슈타이너가 1908년에 얻은 단초를 1912년부터 1924년까지 로리 마이어-슈미츠Lory Maier-Smits(1893~1971, 최초의 오이리트미스트)와 함께 발달시켰다.

하고 이해하기 위해서는 사고가 깨어 있고 활기차야 한다. 이전에는 사지로 수행했던 움켜잡기(파악하기)와 가져오기 활동을 이제는 신경-감각 영역에서 수행한다. 어려서 사지로 했던 일들이 이제 신경-감각의 일로 넘어간 것이다.

앞서 우리는 어린아이의 깨어 있는 사지에서 큰 아이들의 깨어 있는 머리로 넘어가는 과정을 따라가 보았다. 같은 방식으로 어린아이들의 꿈꾸는 머리를 살펴보자. 이는 큰 아이들의 '잠들어 있는' 사지와 연결된다. 1학년 아이들에게 들려주는 동화는 지혜로 가득 차 있다. 동화는 잠에서 깨기 직전의 꿈처럼 어린아이들의 잠든 머리-정신에게 지혜를 속삭여 준다. 아이들 내면에서 상이 생겨난다. 환상이 자극을 받으면서 다채롭고 심오해진다. 영역이 확장된다. 학년이 올라가면서 그동안 수업에서 받았던 예술적 인상들이 (내면의) 심연 속으로 흔적 없이 사라지는 것처럼 보인다.

그것들은 아이가 12세에 들어설 무렵 어떻게 될까? 어린 시절에 꿈결처럼, 겉보기엔 수동적으로 수용했던 것들이 다시 외부 활동에서 모습을 드러낸다. 그것은 의지 기관인 사지 영역에 침투해서 우리가 주변 세상에 영향을 주고 세상에 새로운 형상을 부여할 수 있게 해 준다.

6학년들은, 어려서 동화를 듣고 말하는 활동에서 수용했던 예술적 인상의 샘물에서 물을 퍼 올릴 수 있다. 내면의 그림-형상은 이제 형성력으로 변형된다. 그 힘 덕분에 12세 아이들은 손으로 하는 모든 일에 형상을 부여할 수 있다. 교과 과정은 다양한 공예 활동과 농사 수업을 통해 형성력을 충분히 활용할 기회를 제공한다. 체조와 오이리트미 수업은 사지의 형성력을 구체적인 방식으로 훈련한다. 이 힘은 자꾸 사용하고 훈련해야 한다. 그렇지 않으면 잠자는 머리의 정신적 힘이 꿈처럼 받아들였던 씨앗이 그대로 말라비틀어지고 만다.

아동기의 풍성했던 창조력이 이제 시들어 버렸다는 한탄이 들려오면, 발달 과정에서 이러한 역전이 일어난다는 사실을 다시 상기해 보자. 아이들의 머리를 동화의 상이 아닌 지적인 정보로 채우는 것이야말로 창조력을 마비시키는 행위다. 마찬가지로 어린아이들을 장시간 자동차에 태우는 등, 가만히 앉아 팔다리를 움직이지 못하게 하는 것도 아이들이 진정으로 깨어나는 것을 어렵게 만든다.

루돌프 슈타이너가 영국 토키에서 한 강의에 좋은 예가 있다. 그는 영국 교사들에게 '제비꽃 이야기'를 들려주었다. 제비꽃은 한 심술궂은 개의 말을 듣고 겁에 질렸다. 머리 위 광활한 푸른 하늘이 언젠가 무시무시한 돌풍을 보낼 거라는 얘기였다.[42] 하지만 다음 날 작은 어린 양이 제비꽃(violet 파

42　루돌프 슈타이너 『7~14세를 위한 교육 예술』(GA311, 푸른씨앗 2022) p.114~118

랑보라를 의미)을 달래 주었다. "하늘은 자그마한 네 몸에 지닌 파랑보다 훨씬 더 많은 파랑을 갖고 있단다. 작고 연약한 네가 가질 수 있는 것보다 훨씬 더 크고 많은 사랑을 갖고 있기 때문이야." 그 말을 들은 제비꽃은 드넓은 푸른 하늘이 자신을 보호해 주고 있음을 깨달았다.

7, 8세 아이들이 이 짧은 이야기를 들었을 때 느꼈던 감정은, 12·13세 무렵 이 기억을 다시 떠올렸을 때 어떻게 달라질까? 큰 아이들은 사고를 통해 이야기 속 연관 관계를 파악할 수 있다. 그리고 이런 깨달음에 이른다. "위대한 하늘-제비꽃, 제비꽃 신은 무한히 넓은 영역 전체가 푸르다. 거기서 아주 작은 조각을 잘라 냈다고 상상해 보자. 그것이 바로 이야기 속 작은 제비꽃이다. 마찬가지로 신은 거대한 우주의 바다, 너의 영혼은 그 바다의 물방울이다. 바다에서 건져 낸 물방울 하나가 바다를 이루는 물과 다르지 않은 것처럼 너의 영혼은 신과 동일하다. 단지 작은 물방울일 뿐이다." 이 이야기는 수업에서 우리는 결코, 전체에서 도려내어 말라비틀어진 것, 고정된 것, 절대 불변의 정의를 아이들에게 강요해서는 안 된다는 것을 지극히 아름다운 방식으로 보여 준다. 모든 내용을 살아 있는 상태로, 그래서 아이들과 함께 계속 성장할 수 있는 형태로 가르쳐야 한다. 이는 9세 전환기에도 마찬가지다.

사고, 감정, 의지 영역의 어려움

현대 생활 환경에서는 아무런 신체적 불편함 없이 9세 전환기를 거치는 아이들이 많지 않다. 많은 아이가 두통이나 복통, 어지러움, 두근거림, 혹은 호흡 곤란을 호소한다. 루돌프 슈타이너는 이 문제를 언급하면서 아동기 발달이 건강하게 진행되지 않으면 "이런 증상으로 인해 온갖 질병으로 발전할 수 있는 소인을 평생 지니고 살게 됩니다."라고 강조했다. 이어서 그는 "나중에, 예를 들어, 빈혈이 생길 수 있는 두드러진 증상들로는 피로감, 무기력, 잠들고 깨기에 어려움이 있다."고 말했다.

이런 증상들이 정도 차이는 있지만 대부분의 아이에게 '이갈이부터 사춘기 사이 어느 때라도 나타날 수 있고, 특히 9~10세 사이에 최고조에 이른다'는 점을 지적하면서, 루돌프 슈타이너는 의사가 이를 치료할 때 쓸 수 있는 처방을 제안했다. "특별히 튼튼한 '농부' 체질을 타고난 사람이 아니라면 대부분의 사람에게 이런 점을 고려해야 합니다. 이런 문제가 머리나 리듬 체계, 그리고 신진대사 체계에서 신체적 증상으로 나타나는 것을 제대로 알아보지 못하고, 개선할 방법을 교육에 반영하지 못하면 이 아이들은 나중에 어른이 되었을 때 사고와 느낌, 의지 영역에서 장애를 겪을 수 있습니다."[43]

동화 '백설 공주'는 인간의 세 가지 체계가 사악한 여왕으로 의인화된 지성으로 인해 어떻게 중독되는지를 훌륭한 상으로 보여 준다. 이야기 속 대사를 조금만 바꾸면 이렇게 말할 수 있다. "거울아, 거울아, 이중에서 누가 가장 아름답지(누가 제일 성적이 좋지)?" 학교에서 뛰어난 성과를 내야 한다는 압박은 꽉 졸라맨 허리띠처럼 호흡을 억압한다. 성적의 압박은 독을 바른 머리빗처럼 신경계에 문제를 일으킨다. 과도한 경쟁으로 인해 반복되는 패배감은 독이 든 사과처럼 작용하여, 남은 평생의 의지 활동을 불구로 만들 수 있는 열등감을 주입한다.

건강한 아동기 발달을 위한 교육을 위해서는 가정의 전폭적인 지지와 협조가 필요하다. 모든 영혼 없는 감각 인상들, 특히 기계 장치와 미디어의 감각 인상은 9세 전환기에 특히 해로운 영향을 미친다. 우리는 텔레비전, 라디오, 녹음된 소리

---

43 발터 홀차펠Walter Holtzapfel(1912~1994)_ 의학 박사. '학교 의사를 위한 진단 및 치료의 측면 Aspects of Diagnosis and Therapy for the School Physician(Husemann and Wolff, eds.), 『의학에 대한 인지학적 접근법 The Anthroposophical Approach to Medicine』 vol. I(Spring Valley, New York: Anthroposophic Press 1982) p.120~131

와 장거리 자동차 여행이 아이들에게 미치는 영향에 대해 항상 명확하게 의식하고 있는가? 9세 전환기 동안 소화 과정은 그렇잖아도 어려워지는데, 숙제와 성적으로 지나친 부담을 주면 머리뿐 아니라 소화기에도 문제가 생긴다. 이 시기에는 숙제를 줄이고, 소화하기 쉬운 음식을 주어야 한다. 9세 무렵 아이들에게 음식을 억지로 먹이는 것은 잘못된 방식이다. 소화가 잘되는 음식을 조금씩 여러 번 주는 것이 낫다. 어지럼증, 두근거림, 호흡 곤란 등 리듬 체계의 어려움이 나타난다면 아이가 자기 안으로 들어갈 방법을 찾기 위해 특별히 많은 사랑을 필요로 함을 의미한다. 이들은 자주 어른을 찾아와 이러저러한 일을 혼자 할 수 없다며 도움을 청한다. 하지만 실상 이들이 원하는 것은 '진심 어린, 영혼의 온기가 서린 말'을 듣는 것이다.

이 시기에 어른의 역할은 훨씬 어려워진다. 아이들이 처음으로 부모와 교사를 날카로운 비판의 눈으로 바라보기 때문이다. 새롭게 깨어난 명확한 시선으로 온갖 약점을 잡아낸다. 따라서 교사는 개인성의 좁은 한계를 벗어나도록 이끌어

주는 정신적 힘과 의식적 관계를 맺기 위해 모든 노력을 아끼
지 말아야 한다.[44]

44   루돌프 슈타이너 『교육학의 기초가 되는 인간에 대한 보편적인 앎』(GA293, 밝은누리
2007) p.43~44
      ↳ 사랑하는 여러분, 학교에서 이 교사가 많거나 적은 수의 학생들에게로 교실의 문을
      들어서는지, 아니면 저 교사가 그 교실 문을 통과하는지에는 엄청난 차이가
      있습니다. 그 엄청난 차이는 한 교사가 다른 교사보다 외형적인 교육 방식을 그렇고
      그렇게 처리하는 데 능숙하기 때문에 생기는 것이 아닙니다. 수업에 영향을 미치는
      주된 차이는 교사가 살아가면서 항상 무슨 생각을 하는지, 그리고 그 생각들을 그
      교사가 교실의 문을 들어서며 함께 가지고 간다는 점에 근거합니다. 성장하는
      인간에 대한 생각에 전념하는 교사는 어린이에 대해서 전혀 아는 바가 없고 한 번도
      그 방향으로는 신경을 쓰지 않은 교사에 비해서 학생들에게 완전히 다른 영향을
      끼칩니다. 여러분이 그런 생각에 몰두하는 순간에 일어나는 것, 그것은 여러분이
      호흡 과정과 교육을 통한 그것의 변환이 어떤 우주적 의미를 지니는지, 잠과 깨어
      있음 사이에 존재하는 리듬적 과정의 우주적 의미가 무엇인지를 깨닫기 시작한다는
      것입니다. 여러분이 그런 생각을 하는 그 순간에, 여러분의 내부에 어떤 것이 단순히
      개인적인 정신에 근거하는 모두를 극복합니다. 바로 이 순간에 개인적인 정신에
      근거한 모든 판단 기준이 약화됩니다. 신체적 인간이기 때문에 인간 내부에 가장
      많이 존재하는 바로 그 부분이 조금이라도 삭제됩니다. 그리고 여러분이 이 순수한
      공백의 상태에서 교실에 들어서게 되면, 내면의 힘을 통해서 학생과 여러분 사이에
      하나의 관계가 이루어집니다.

자아와의 조우

이 쉽지 않은 전환기에 아이들에게 특별한 도움을 줄 수 있는 힘은 무엇일까? 통합된 존재로서 새로운 발달에 나설 힘을 어디에서 얻을 수 있을까? 이제부터 우리는 아이들의 종교적 경험을 풍요롭게 해 줄 세 가지 상징적 이미지를 살펴볼 것이다. 이는 우리가 자신의 생각과 감정을 담아 적절한 방식으로 동참할 때 특히 큰 효과를 낼 수 있다.

아이들은 세상과의 분리를 통해 자기만의 자아 영역을 경험한다. 그런데 이 경험에는 훨씬 더 심오한 요소, 즉 자아의 불멸성에 대한 느낌이 잠재되어 있다. 성경의 창조 이야기는 아이들에게 신이 인간을 창조했다는 내적 감각에 확신을 준다. 인간의 신성한 기원에 대해 생각할 때 지상적 자아 내부의 신성한 요소에 불이 밝혀진다.

어떤 로마네스크 교회 기둥머리에는 창세기 장면이 새겨

져 있다. 신이 아담에게 생명의 숨을 불어넣는 장면이다. 신의 입에서 아담을 향해 흘러나가는 숨결은 잎이 달린 식물의 줄기 형태를 취하고 있다. 꽃 부분은 이미 아담 내부에 존재한다. 뿌리는 아직 신의 곁에 있다. 식물은 위아래가 뒤집힌 상태로 아담을 향해 내려간다. 이처럼 인간 내부에서 뿌리와 잎, 꽃을 갖춘 식물이 자라는 그림은 고대 전통에서 유래한다. 이는 인간 내면에서는 식물이 외부 세상처럼 위를 향해 자라지 않고 아래를 향해 자란다는 성을 보여 순다. 이 식물은 머리의 골격 구조에 단단하게 뿌리를 내린다. 머리는 우리의 사고가 뿌리를 내리는 영역이다. 이제 그 식물은 허파가 위치한 영역에서 잎을 펼쳐 호흡을 가능하게 한다. 수술과 암술을 갖춘 꽃의 머리는 아래를 향하고 있다.[45]

거꾸로 자라는 식물의 개념은 9세에 일어나는 생명력의 역전을 생각하면 이해할 수 있다. 이러한 사실을 명확하게 이해하지는 못해도 아이들은 자신의 개별적 존재성 전체와 관계된 무언가가 삶으로 들어오고 있음을 무의식에서 경험한다.

이 나이 아이들이 부모에게 진짜 엄마, 아빠가 맞느냐고 묻는 일이 드물지 않다. 이 질문은 아이가 자신을 개별 존재

45 　루돌프 슈타이너 『정신과학과 의학Geisteswissenschaft und Medizin』(GA312)

로 강렬하게 체험하는 데서 비롯한다. 가족이나 유전의 흐름뿐 아니라, 개별 정신으로서 지상의 삶으로 들어온 것이다.[46] 아이가 말한 문장 이면에는 전혀 다른 질문이 숨어 있다. 바로 자신의 정신적 기원에 관한 질문인 것이다. 그리고 그들은 외적인 요소가 아닌 종교 영역에서 해답을 찾으려 한다. 이런 내용을 아이에게 상의 언어로 어떻게 전달할지는 이 책의 부록 '튼튼한 어린나무'(이 책 156쪽)에서 하나의 예를 찾을 수 있다.

아이들이 9세 전환기를 적절히 준비하도록 도와주는 또 다른 상은 크리스토포루스 전설에 있다. 거인 오포루스는 자신의 엄청난 힘을 가장 고귀한 일에 쓰기로 결심한다. 먼저 그는 강력한 왕을 섬긴다. 하지만 왕이 악마를 두려워하는 것을 본 오포루스는 악마를 섬기기로 한다. 악마는 십자가를 보고 줄행랑을 친다. 그래서 그리스도를 섬기기로 한 그는 은둔자의 조언에 따라 이웃 사랑을 실천하기 위해 사람들을 업어서 강을 건네주는 일에 헌신한다. 그러던 어느 날 밤, 어떤 아이를 업어서 강을 건너고 있는데 아이가 엄청난 무게로 그를 짓눌러 물속에 빠진다. 그는 바로 그리스도-아이였다. 그렇게

---

46   루돌프 슈타이너 『신지학: 초감각적 세계 인식과 인간 규정성에 관하여』(GA9, 푸른씨앗 2020)

오포루스에게 세례를 준 그리스도-아이는 그리스도-오포루스(크리스토포루스)라는 이름을 준다. 크리스토포루스는 지팡이를 땅에 심는다. 그 지팡이에 잎과 꽃이 피어난 다음 날 그는 오두막에서 죽은 채로 발견된다.

이 전설에는 특별한 상이 담겨 있다. 꽃이 핀 지팡이로 상징되는 생명력이다. 이 힘은 죽음의 경계를 넘어서까지 작용한다. 이는 크리스토포루스가 죽음을 통해 그리스도에게 이르는 길을 찾았음을 의미하는 상징이다. 이런 전설을 8세인 2학년 아이들에게 들려주면, 얼마 남지 않은 9세 전환기를 준비하는 데 도움이 된다.

태어난 지 9번째 되는 해에 아이들은 자기 존재의 영원한 부분과 만난다. 이제 그들은 인간의 필멸성을 이해할 수 있는 위치에 선다. 많은 사람이 이 무렵에 처음으로 시체를 의식적으로 보는 경험을 한다. 이를 통해 불멸성과 필멸성에 대한 인식이 아이 내면에 동시에 자리 잡는다. 하지만 아직은 이 두 영역을 따로 떼어서 볼 능력은 없다. 이 시기에 아이가 죽음 속에서도 생명이 빛을 발한다는 사실을 크리스토포루스 전설 같은 서사를 통해 경험하는 것은 이후 인생 전체에서 매우 중요한 의미를 갖는다.

루돌프 슈타이너가 예술에 관해 한 말을 곱씹어 보면 생명-주제를 한층 더 깊이 이해할 수 있다. 슈타이너는 9세까지는 예술이 아이들에게 봉사하지만, 그 이후부터는 아이들이 예술을 위해 일해야 한다고 했다. 이 변화는 그때까지 무의식에서 신체 형성을 위해 활동하던 창조력이 해방되었기 때문이다. 이제 그 창조력은 천천히, 그리고 점진적으로 자아를 표현하는 일을 위해 쓰일 수 있다. 인간 내면의 창조적 영역, 존재의 핵심이 본격적으로 활동한다. 그것은 예술을 통해 물질에 깃든 정신을 드러낸다. 이런 이유로 발도르프 교육에서는 예술을 대단히 중요하게 여긴다.

지금까지 이 나이 아이들이 소화할 수 있는 세 가지 주제를 소개했다. 인간의 신성한 근원, 죽음 속에서 빛나는 생명, 그리고 예술의 세계다. 이 세 주제는 위기의 시기를 지나는 동안 집을 잃어버린 느낌을 겪는 아이들을 성부, 성자, 성령의 세계와 이어 주는 동력이 될 수 있다. 이 모든 과정은 아이들 영혼 속의 잠들어 있는 영역에서 일어난다. 9세를 거치는 동안 영혼에 심어진 이 세 가지 동력은 훗날 인생을 살아가면서 점차 의식 속에 떠오르게 된다.

9~10세 사이 전환점은 신체 증상으로도 발현됩니다. 이 시기에 심장의 혈액 유입 능력, 즉 맥박량의 폭과 양이 갑자기 크게 증가합니다. 존재의 핵심인 '나' 혹은 '자아'의 발달 과정 중 결정적 전환점을 넘어가는 바로 그 시점에 모든 장기 중에서 가장 중요한 심장의 힘이 폭발적으로 증가하는 것이지요. 이 전환점이 진정한 의미에서 위기에 해당한다는 것은 또 다른 신체 과정인 혈당 변화에서도 명확히 드러납니다.

　자아 체험의 신체적 기반은 혈중 당 함량에 있습니다. 음식 속 당분도 혈당에 영향을 줍니다. 설탕 한 조각이나 달콤한 과일 같은 단 음식을 먹으면 스스로에 대한 감정에 영향을 주는 특정한 무기력 상태를 극복할 수 있다는 사실은 우리 모두가 경험한 바 있지요.(물론 과도한 당 섭취는 바람직하지 않은 결

과를 초래합니다)

영유아기를 거치면서 아이의 자아가 육화해 들어오는 정도에 비례하여 혈당 수치는 꾸준히 증가합니다. 그런데 이 상승 곡선이 정확히 9세 무렵에 일시적으로 하강합니다. 이는 아직 연약한 자아 체험에 상응하는 신체 반응으로, 주변 어른들의 지원과 적절한 교육적 조치가 필요합니다. 9세 아이가 경험하는 무력감과 외로움, 버림받은 느낌은 혈당 수치가 일시적으로 하락하는 데서도 드러납니다.

흔히 '학교병'[47]이라고 부르는 증상은 두 번째 7년 주기 중 아무 때라도 발생할 수 있지만, 9세 무렵이 가장 극심합니다. 아이들은 머리나 배가 아프다고, 속이 메스껍고 심장이 너무 빨리 뛰거나 숨이 차다고(쌕쌕거리는 호흡) 불편감을 호소합니다. 어지럼증이나 무기력감을 겪는 경우도 있습니다. 갑자기 열이 올랐다가 금방 괜찮아지기도 하지요.

부모는 아이가 병색이 있고 안색이 창백하며 눈 밑에 그늘이 생겼다고 걱정합니다. 입맛이 없고 불안하거나 쉽게 지치고 잠을 잘 못 잔다고도 합니다. 담임 교사는 아이의 지구력, 체력과 집중력이 떨어졌다고 보고합니다. 이런 증상들을

---

47   **옮긴이** 학교병Schulkrankheit_ 루돌프 슈타이너의 교육 철학에서 언급되는 개념
　　　으로, 아이가 자아를 신체 조직과 결합하는 과정(특히 9세 무렵의 '루비콘 강을 건너
　　　는 시기')에서 겪는 신체적, 심리적 변화를 뜻한다.

'주기성 증후군'으로 뭉뚱그려 부르기도 합니다. 증상이 교대로 나타나고 상태가 오르락내리락하기 때문이지요. 모든 증상이 한꺼번에 발현하는 경우는 없습니다. 처음에는 두통으로 힘들어하던 아이가 얼마 뒤에는 복통을 호소합니다. 그리고 이런 증상들은 대개 빠르게 가라앉습니다. 아이가 열이 나서 왕진을 요청했지만 의사는 병명을 알아내지 못합니다. 그런데 다음 날 다시 왕진을 와 보면 아이가 눈에 띄게 회복했거나, 벌써 나아서 아침에 학교에 가는 식이시요.

원인을 파악하기 어려운 경우가 많지만, 이 증상들을 가볍게 넘겨서는 안 됩니다. 복통이 맹장염을 의미하는 경우도 있으니까요. 특히 맹장염은 두 번째 7년 기간에 발생 빈도가 가장 높습니다. 위궤양이나 크론병 같은 심각한 질환이 복통의 근본 원인일 수 있습니다. 따라서 너무 오래 방치하지 말고 의사를 만나 보기를 권합니다.

하지만 두 번째 7년 기간은 일반적으로 인간 생애 전체에서 가장 건강한 시기입니다. '학교병'의 특징적 증상은 거의 항상 외부 요인에 의해 야기됩니다. 가정의 울타리가 무너지거나(이혼 등 가족 해체), 학업의 부담이 높을 때(성적 압박) 발생할 수 있습니다. 과도한 감각 자극이 원인인 경우도 매우 흔합니다. 학교 오가는 길에서 만나는 자동차, 상점, 눈부시게 번쩍이는 간판, 가정에서는 텔레비전, 영화, 라디오로 인한 자극이 대표적이지요. 음식도 큰 영향을 미칩니다. 대개는 적게 먹는 것보다 너무 많이 먹는 것이 문제가 됩니다. 식사 시간은 규칙적이어야 하며, 식사를 간식으로 대충 때워서는 안 됩니다. 인공 첨가물과 식용 색소도 가능한 한 피해야 합니다.

아이들이 외부 스트레스에 왜 그런 반응을 보이는지에 대한 과학적 설명은 없습니다. 어쨌든 모든 사람이 스트레스에 대처할 나름의 방법을 갖고 있어야 합니다. '학교병'에 대한 뾰족한 치료법은 없습니다. 하지만 발현 양상이 아무리 천차만별이라고 해도 '학교병'과 관련한 모든 증상의 근본 원인은 동일한 것으로 추정됩니다. 바로 9세라는 중요한 시기에 아이의 불안정한 상태가 최고조에 이른다는 점이지요.

이 시기에는 아이들에게 주변 어른들의 보살핌과 교육적 활동뿐 아니라, 치료제도 필요합니다. 루돌프 슈타이너는 초등학교 아이들의 치료를 위해 다양한 형태의 철분제를 추천했습니다. 복통에는 탄산철, 심장과 순환 장애에는 염화철, 호흡 문제에는 레몬 철, 그리고 '학교병'으로 인한 두통에 효과적인 치료제로는 순수한 철분이 좋습니다. 이런 철분제 처방을 내릴 때 의사는 사실 자연의 행위를 모방하는 것입니다. 아이들은 자연스러운 발달 과정 중에 매년 혈액에 더 높은 농도의 철분을 받아들이기 때문입니다. 혈중 철분 수치는 사춘기까지 꾸준하게 증가합니다. '튼튼한 농부의 피'를 갖고 태어나 아주 적절한 환경에서 성장하는 아이들은 (사실상 오늘날에는 이런 아이들을 거의 찾아볼 수 없지만) 필요한 모든 철분 보충제를 자연에서 저절로 공급받습니다. 하지만 대부분의 아이는 철분을 추가로 복용할 필요가 있고, 이것이 다양한 형태의 '학교병'에 긍정적인 효과를 발휘한다는 것은 경험으로 입증되었습니다. '자아'는 철분의 안내에 따라 분명하고 확고한 걸음으로 9세라는 중요한 시기를 관통해 들어올 수 있습니다.

의학 박사 발터 홀차펠[48]

---

48 **옮긴이** 발터 홀차펠(1912~1994)_ 특수 교육 분야의 권위자로 발도르프학교에서 의학 자문으로 활동했으며, 도르나흐 괴테아눔의 의학분과 책임자를 지냈다. 독일과 스위스 전역의 특수 교육 교사 양성 기관에서 강의하며 많은 저서와 논문을 남겼다.

부록

튼튼한 어린나무

옛날 옛날에 햇살 한 줄기가 장미처럼 빨간 꽃 위로 내려앉았습니다. 햇살은 그곳에서 작은 씨앗이 되었습니다. 바람은 작은 씨앗을 하늘 높이 들어 올렸습니다. 바람은 아득히 깊은 협곡 위를 날아갔습니다. 협곡은 바위투성이의 춥고 어두운 곳이었습니다. 작은 씨앗은 그곳으로 떨어질까 봐 겁이 났습니다. 하지만 바람은 아랑곳하지 않고 작은 씨앗을 계속해서 멀리멀리 날려 보냈습니다. 씨앗은 어느새 호수 위를 날고 있었습니다. 푸른 호수는 깊고 거대했습니다. 작은 씨앗은 호수로 떨어질까 봐 겁이 났습니다. 하지만 바람은 아랑곳하지 않고 작은 씨앗을 계속해서 멀리멀리 날려 보냈습니다. 어느덧 씨앗은 활활 타오르는 거대한 모닥불 위를 날고 있었습니다. 농부들이 짚더미를 높이 쌓아 불을 붙여 놓은 것이었습니다.

씨앗은 연기 속에서 정신없이 빙글빙글 돌기 시작했습니다. 너무 뜨거운 데다가 사방이 짙은 연기라 아무것도 보이지 않았습니다. 씨앗은 또다시 겁에 질렸습니다. 이젠 꼼짝없이 타 죽게 되었다고 생각했습니다. 하지만 바람은 마침내 작은 씨앗을 숲속으로 데려가 풀밭 위에 내려놓았습니다. 씨앗은 그곳에 가만히 누워 잠이 들었습니다.

한숨 푹 자고 일어나 눈을 떠 보니 씨앗은 어느새 아름다운 어린 낙엽송으로 자라나 있었습니다. 뿌리를 난난히 땅에 내렸기 때문에 더 이상 바람이 날려 보낼 수 없었습니다. 낙엽송은 힘을 얻기 위해 태양을 향해 가지를 활짝 펼쳤습니다. 마침내 낙엽송에서 작은 장밋빛 꽃이 피어났습니다. 햇살이 붉은 꽃 위로 내려왔고, 씨앗이 여물었습니다. 그 순간 나무는 기억이 떠올랐습니다. 자기도 한때 햇살이었으며, 씨앗이 되었던 것을. 그리고 깊은 협곡 위에서 두려움에 떨던 순간, 거대한 호수 위를 날아가던 순간, 이글이글 타는 불길 위를 날던 순간도 기억해 냈습니다. 이제는 뿌리를 단단히 내렸기 때문에 더 이상 그런 두려움을 느끼지 않았습니다. 어린 나무는 점점 크고 지혜로워졌습니다. 그리고 문득 깨달았습니다. 땅은 신의 몸, 물은 신의 피, 바람은 신의 숨결이며, 자신은 신이 내려보낸 햇살 한 줄기라는 사실을. 그리고 세상 모든 일이 신의 뜻에 따라 일어난다는 것을 알게 되었습니다.

어떤 고난도 신의 허락이 없는 한, 자신을 무너뜨릴 수 없었
습니다. 어린나무는 무럭무럭 자라 어떤 폭풍우에도 끄떡없
는 크고 튼튼한 나무가 되었습니다.

9와 ⅓년마다 역전하는 달의 교점

지금까지 살펴본 인생 전환기는 거대한 우주적 사건들과 연결되어 있다. 이는 태양과 달의 움직임으로 드러나는 우주적 힘들의 반영이다. 앞에서 우리는 아이가 7~12세까지 성장하는 과정 중, 9세 무렵에 일종의 역전이 일어난다는 것을 알아보았다. 마찬가지로 9와 ⅓년이 지나면 달의 궤도와 태양의 궤도인 황도의 관계가 역전된다. 이전에 달의 궤도가 하강 방향으로 황도를 통과했던 지점(즉, 강교점)을 이제는 상승 곡선상에서 통과(승교점)한다. 이 천문학적 반전을 지구의 시점에서 보면, 다음과 같은 그림으로 표현할 수 있다.

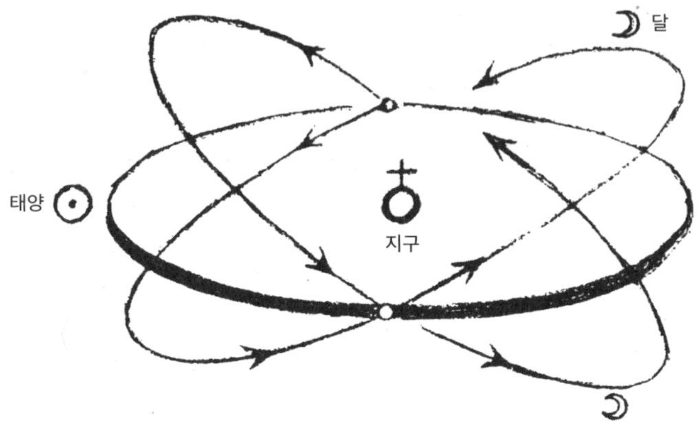

5° 정도 기울어진 달의 궤도는 교점에서 화살표 방향으로 황도와 교차한다.
(그림에서는 개념을 명확히 전달하기 위해 실제보다 각도를 과장해서 표현했다)49

달의 궤도는 태양 궤도인 황도를 달의 교점에서 교차하는데, 한 번은 상승 방향으로, 다음에는 하강 방향으로 지난다. 9와 ⅓년 주기마다 달의 궤도가 바뀌면서 황도 위 같은 지점을 반대 방향으로 통과한다. 전에는 내려가는 방향의 궤도였지만 이제는 올라가는 방향으로 바뀌는 것이다. 황도 위

49   요아힘 슐츠Joachim Schultz 『별의 움직임과 리듬Movement and Rhythms of the Stars』(Edinburgh, Scotland: Floris Books 1986) p.85

반대편 교점에서도 같은 사건, 즉 달의 승교점이 강교점과 교차하는 사건이 일어난다.

교육의 과제는 아이들의 영혼-정신의 본성에서 진행되는 성장 과정을 촉진하는 것이다. 이 과제를 올바로 수행하려면 교사는 신체 성장을 지배하는 법칙을 올바로 이해하고 교육에 반영해야 한다. 앞에서 달의 교점과 9세 전환기의 연관성을 살펴보았던 것처럼 이런 법칙의 원형은 별들의 세상에 기록되어 있다. 이런 관점을 짚고 있을 때, 교육은 단순한 개인성의 좁은 한계를 뛰어넘어 우주적 힘과 그 발전 과정을 포괄하는 예술이 된다.

이갈이에서 일어나는 역전

아이들의 이갈이를 관찰해 보면 9세에 일어나는 역전의 원리가 치아 형성 과정에서도 작용하는 것을 알 수 있다. 앞서 우리는 달이 9와 ⅓년마다 달의 교점을 이전에 지났던 경로와 반대 방향으로 통과하는 것을 살펴보았다. 달의 움직임에서 보았던 우주적 반전의 상이 인간 유기체 전체뿐 아니라 치아 형성 과정에도 반영된다. 루돌프 슈타이너는 이 생리학적 과정을 지원할 수 있는 아주 효과적인 방법으로 형태그리기 연습을 제안했다. 이를 영구치 성장과 정확히 상응하는 방식으로 연습하면 신체 형성력을 강화할 수 있다.

다음 도표는 영구치가 나오는 순서를 보여 준다. 아라비아 숫자는 영구치, 로마 숫자는 유치를 의미한다.

나이																
6살			6	V	IV	III	II	I	I	II	III	IV	V	6		
			6	V	IV	III	II	I	I	II	III	IV	V	6		
7살			6	V	IV	III	II	1	1	II	III	IV	V	6		
			6	V	IV	III	II	1	1	II	III	IV	V	6		
8살			6	V	IV	III	2	1	1	2	III	IV	V	6		
			6	V	IV	III	2	1	1	2	III	IV	V	6		
9살			6	V	4	III	2	1	1	2	III	4	V	6		
			6	V	IV	3	2	1	1	2	3	IV	V	6		
10살			6	V	4	3	2	1	1	2	3	4	V	6		
			6	V	4	3	2	1	1	2	3	4	V	6		
11살			6	5	4	3	2	1	1	2	3	4	5	6		
			6	5	4	3	2	1	1	2	3	4	5	6		
12살		7	6	5	4	3	2	1	1	2	3	4	5	6	7	
		7	6	5	4	3	2	1	1	2	3	4	5	6	7	
13살	8	7	6	5	4	3	2	1	1	2	3	4	5	6	7	8
	8	7	6	5	4	3	2	1	1	2	3	4	5	6	7	8

이갈이에서 활동하는 형성력을 형태그리기 연습에서 어
떻게 교육적으로 활용할 수 있는지 구체적인 예를 들어 살펴
보자.

1학년:

6세 무렵에 6번 치아가 나온다. 1학년 때는 1번 치아들이 나온다. 좌우에서 중앙으로 오는 움직임은 다음 형태에서 작용하는 대칭 요소와 상응한다.

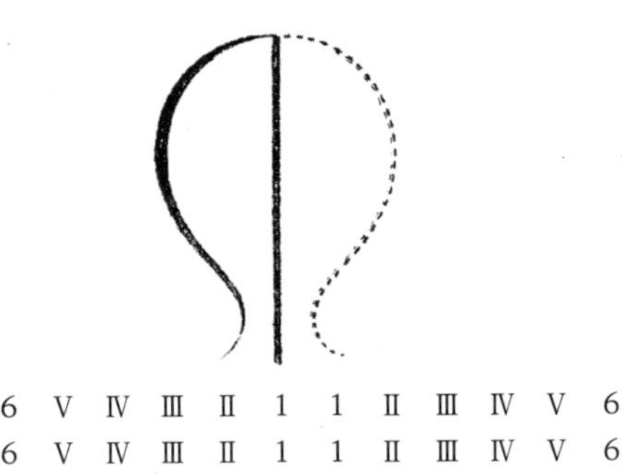

6   V   IV   III   II   1   1   II   III   IV   V   6

6   V   IV   III   II   1   1   II   III   IV   V   6

2학년:

이제 위와 아래, 오른쪽과 왼쪽, 영구치와 유치 사이에 완전한 조화가 생겼다. 이로써 사방 대칭이 탄생한다.(처음에는 중심과의 강력한 관계가 없지만)

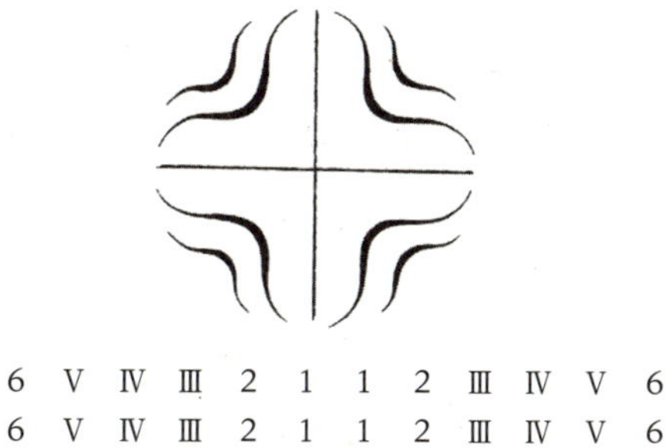

6   V   Ⅳ   Ⅲ   2   1   1   2   Ⅲ   Ⅳ   V   6
6   V   Ⅳ   Ⅲ   2   1   1   2   Ⅲ   Ⅳ   V   6

3학년:

이전의 완벽한 대칭이 깨진다. 이제 엄격한 대칭이 아닌 자유로운 방식으로 중심부와 관계를 갖는 형태가 탄생한다. 이 나이에 필기체를 도입할 수 있다.

6   V   4   Ⅲ   2   1   1   2   Ⅲ   4   V   6
6   V   Ⅳ   3   2   1   1   2   3   Ⅳ   V   6

1~3학년 형태그리기[50] 수업을 위한
루돌프 슈타이너의 제안

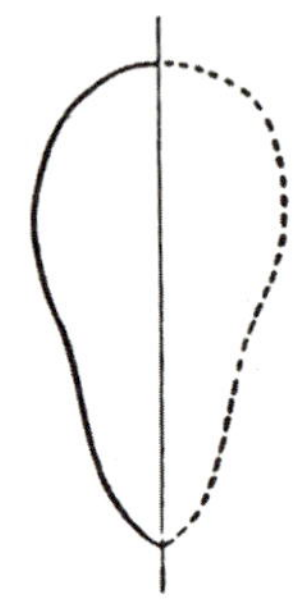

"아주 어린 아이들과도 이런 활동을 시작할 수 있습니다. 예를 들어, 칠판에 어떤 형태를 그리고(진한 선) 거기에 이런 직선을 그어 줍니다. 그리고 대칭이 되는 형태를 희미하게 그려 주면서 아이들이 이 그림이 불완전하다는 것을 느끼게 합니다. 이 그림을 완성하기 위해 무엇이 필요한지 상상하게 하십시오. 아이들이 이 그림을 완성할 수 있도록 다양한 방법을 시도해 보세요. 이렇게 하면 당신은 아이들 내면에서 사물의 불완전한 부분을 완성하려는 능동적 충동을 일깨우게 됩

---

50   **옮긴이** 형태그리기_ 배움을 막 시작하는 1학년부터 4학년까지 발도르프 교육에서
　　　제안하는 교과목. 역동적인 선 그리기로 지성을 건강하게 인간적인 방식으로 깨어나게
　　　하며 아이의 생명력, 사고력, 의지력을 키워 준다.

니다. 이는 또한 아이들이 모든 상황에서 실재에 대한 올바른
그림을 내면에서 만들 수 있게 하는 데도 도움이 됩니다. 이
런 수업을 하려면 교사는 창의성이 있어야 합니다. 교사가 유
연하고 풍부한 창의적 사고를 갖고 있는 것은 항상 좋은 일입
니다. 바로 이것이 교사에게 필요한 재능입니다."[51]

"그런 다음, (…) 계속 진행해서 아이들이 반사가 어떻게
생기는지 알아볼 수 있도록 도와줍니다. 여기 물 표면이 있고
이런저런 물체가 있다면 아이들에게 그 물체가 물에 어떻게
비치는지 상상해 보라고 합니다. 이런 식으로 아이를 점차 세
상 어디에나 존재하는 조화 속으로 이끌 수 있습니다."[52]

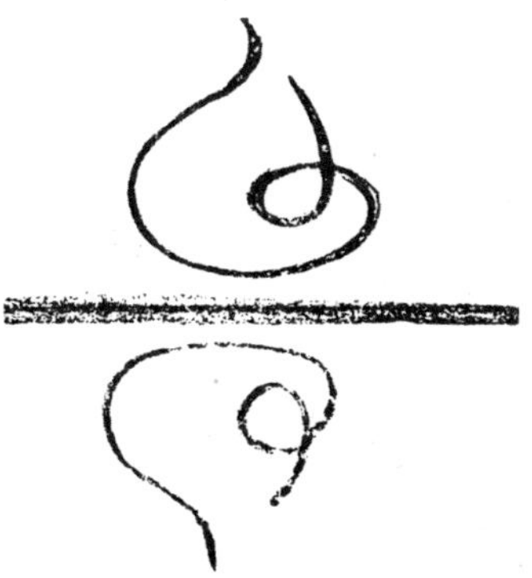

---

51   루돌프 슈타이너 『현재의 정신적 삶과 교육Gegenwärtiges Geistesleben und
      Erziehung』(GA307) 9장

52   루돌프 슈타이너 『7~14세를 위한 교육 예술』(GA311, 푸른씨앗 2022) 4장

"한동안 그런 연습을 해 왔다면 이제 다음 연습으로 넘어
갑니다. 예를 들어, 칠판에 이와 같은 그림(아래)을 그리고 아
이에게 형태의 내면 공간에 대한 상을 일깨웁니다."

"그런 다음 바깥쪽 선을 다양하게 변형시키면서 아이들
이 점차 바깥 형태에 상응하도록 내부 형태를 그리는 법을 배
웁니다."

"첫 번째 그림에서 곡선은 단순하게 들어갔다 나가는 모양입니다. 두 번째 그림에서는 여러 지점에서 구부러졌습니다. 이제 아이들에게 다음 그림에서는 내적 대칭을 위해, 내부 형태가 바깥쪽 선이 밖으로 돌출한 부분과 정확히 일치하는 지점에서 안쪽으로 휘어져야 한다고 설명합니다. 첫 번째 그림의 단순한 선은 다른 단순한 선에 상응하고, 두 번째 그림에서 안쪽으로 휘어진 곡선은 바깥쪽으로 휘어진 곡선에 상응합니다." 또는 다음과 같이 해 볼 수도 있습니다.

“아니면 이와 같은 그림을 그린 뒤에 그에 상응하는 외부 형태를 그려 조화로운 전체를 만들어 낼 수 있습니다. 이제 이 형태에서 벗어나 외부 형태들이 서로 만나지 않고 서로에게서 멀리 달아나는 또 다른 그림으로 넘어가 보겠습니다. 그래서 이 형태들은 무한으로 흘러 나갑니다.”

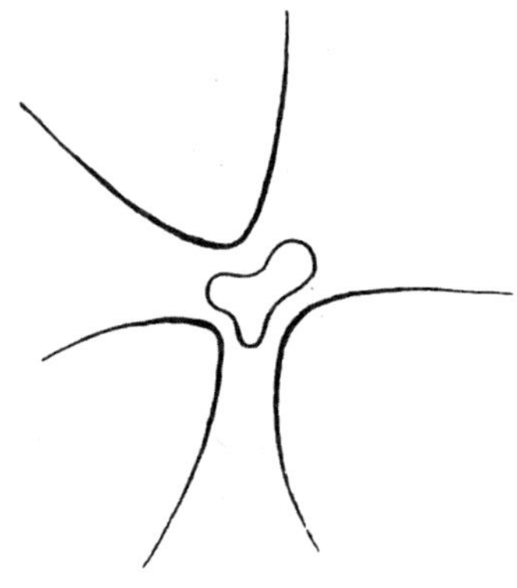

“아이들은 이 점이 멀리 달아나기를 원하고, 어쩌면 이 선들로 뒤쫓아 가야 하지만 따라잡을 수 없다는 느낌을 받습니다. 그것은 달아나 버렸습니다. 이제 아이들은 이 상황에 맞게 형태를 배치해야 한다는 사실을 깨닫게 됩니다. 이 점이 도망갔기 때문에, 이 형태는 특히 안으로 구부러져야 합니다.”

"여기서 저는 이런 원리들을 제시할 뿐입니다. 간단히 말해, 이런 식으로 수업함으로써 우리는 아이들에게 '비대칭적 대칭'에 대한 개념을 심어 줍니다. 이렇게 해서 깨어 있는 동안 에테르체가 잠자는 동안 계속 진동하도록 준비시키는 것입니다. 이런 진동 속에서 에테르체는 낮에 흡수한 것을 완성합니다. 그러면 아이는 에테르체 안에서 (그리고 물질 육체 안에서) 내적으로 그리고 활동에 대한 자연스러운 자극을 받은 상태로 잠에서 깨어납니다. 아이들은 생명력과 **활력**으로 가득 차 있을 것입니다.[53]

---

53 루돌프 슈타이너 『7~14세를 위한 교육 예술』(GA311, 푸른씨앗 2022) 4장

함께 읽으면 좋은 —
푸른씨앗 책

> **"이갈이를 하는 나이와 사춘기 사이의 아이는
> 상상력의 본질을 기반으로 삼아 교육해야 합니다."**

루돌프 슈타이너가 영국 토키에서 신생 발도르프학교를 위해 교사와 대중에게 행한 강의록. 이 책은 100년이 지난 지금도 전세계 발도르프 교육의 최고 소개서로 알려져 있다.

이갈이와 사춘기 사이인 격변의 시기에 아이 내면에 일깨워야 하는 것, 진정한 인간 인식에서 나오는 교육 예술의 필요성을 설명하고, 상상력의 본질을 기반으로 삼은 교육과 수업을 소개한다.

인생의 첫 번째 7년 주기에 발달하는 신체와 영혼 특징, 두 번째 7년 주기에 탄생하는 에테르체와 영혼 특징, 세 번째 7년 주기에 탄생하는 아스트랄체와 영혼 특징을 간략하게 살펴보며 특히 두 번째 7년 주기인 이 시기에 아이들이 건강하게 잘 성장할 수 있도록 바탕이 되는 교육과 환경을 알아볼 수 있다.

7~14세를 위한 교육 예술

루돌프 슈타이너 지음 | **최혜경** 옮김

127×188 | 280쪽 | 20,000원 | 종이책, 
e북

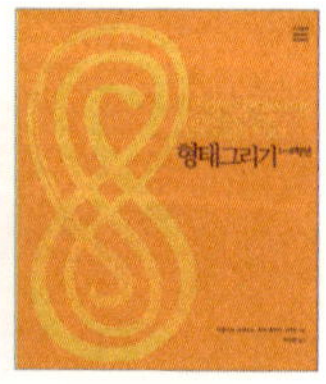

'불완전한 것을 완전하게 하기'
현실에 대한 올바른 감각을 키우는 연습

발도르프 교육에서 제안하는 교과 과정 '형태그리기'. 배움을 막 시작하는 1학년 첫 수업부터 4학년까지 역동적인 선 그리기는 지성을 건강하게 인간적인 방식으로 일깨우며 아이의 생명력, 사고력, 의지력을 키워 준다. 이러한 형태에 대한 감각은 새로운 예술적 경험의 핵심이며, 자연 속에 존재하는 형태를 더 생동감 있게 이해할 수 있게 해 준다. 루돌프 슈타이너가 여러 교육학 강의에서 한 '형태그리기' 설명과 발도르프 교사 연수에서 진행된 수업 예시를 모은 책 2권을 세트로 구성하였다.

발도르프학교의 형태그리기 수업

한스 루돌프 니더호이저·마거릿 프로리히 지음 | 푸른씨앗 옮김

형태그리기 1~4학년

에른스트 슈베르트·로라 엠브리-스타인 지음 | 하주현 옮김

210×250 | 2권 세트 16,000원 | 종이책

"인간은 지구상에서 유일하게 머리나 몸통보다 사지가 훨씬 중요한 존재입니다."

이성적인 사고가 깨어나는 4·5학년 아이들의 영혼은 과학의 세계로 들어가고 싶어 한다. 이 시기 아이들에게 자연과 동물을 객관적이고 이성적으로 이해할 수 있도록 이끌며, 아이들 내면에 사회적·도덕적 힘이 강화되도록 돕는 '인간과 동물' 수업 안내서.
영국 에든버러 발도르프학교에서 오랜 시간 교사로 재직한 찰스 코박스는 이 시기 아이들이 이성적 사고를 키우는 것만큼 상상의 힘을 키우는 데도 공을 들여야 한다고 역설한다. 인간의 몸이 머리, 몸통, 사지로 구성된 것을 이해하고, 각 동물의 형태와 특성을 인간과 연관 지어 고찰한다. 새끼 동물들의 치열한 홀로서기나 사람과 동물이 교감하는 다채로운 이야기들이 더해져 흥미로운 동물의 세계를 생생하게 전하고 있다.

발도르프학교의 동물학 수업

찰스 코박스 지음 ｜ 개미와 베짱이 옮김

150×193 ｜ 200쪽 ｜ 18,000원 ｜ 종이책

"아이들에게 이제 진화는 그저 알고 있는 것이 아닌 느낄 수 있는 어떤 것이 됩니다."

식물 체계와 인간의 발달을 연결하며 진화의 개념을 느끼게 해 주는 새로운 식물학 수업 소개서. 환상과 논리라는 능력이 분리되기 시작하는 10~11살 아이의 영혼 특성에 맞춰 제안하는 교과 과정이다. 아버지 '해'와 어머니 '땅' 사이의 식물 가족을 비롯해 우리 곁에서 다양하게 쓰이는 식물들을 탐구한다. 저자 찰스 코박스는 아이들은 사실이 필요하고 그것을 원하기도 하지만, 아이들의 내면에 있는 느낌 즉 환상을 만족시키는 방식으로 연결되어야 하며 이것이 성장과 발달을 돕는다고 강조한다. 시적 느낌이 가득한 이 책은 숲 나들이를 즐기는 이들과 10~11살 아이를 가르치는 교사와 양육자에게 영감을 가득 안겨 줄 것이다.

발도르프학교의 식물학 수업

찰스 코박스 지음 | 홍정인 옮김

150×193 | 156쪽 | 16,000원 | 종이책

"나는 정말 누구인가?
나는 무엇을 위해 여기에 있는가?"

미국에서 빌도르프학교 상급 과정을 이끌어 온 저자가 양육자를 위해 쓴 사춘기 지침서이다. 18~21세 사이에 일어나는 고차 자아의 각성은, 이어지는 10여 년 동안 청년들이 인생의 중요한 선택을 내릴 수 있는 토대로 작용한다. 모든 청소년이 이 신성한 여정을 수월하게 거치는 것은 아니다. 저자는 원형적 영웅인 파르치팔 이야기를 통해 자아를 찾는 신성한 인생 여정을 보여 주며, 청소년기의 본질을 이해하는 눈을 열어 준다. 11~21세까지 '사춘기 3단계'를 거치는 동안 청소년의 생각, 느낌, 행동이 성숙하고 책임 있는 성인의 상태로 나아갈 수 있도록 조언을 건네는, 5학년 이상 청소년기 자녀를 둔 부모나 교사가 함께 읽으며 토론하기 좋은 책이다.

사춘기_ 자아를 만나는 신성한 여정

베티 스텔리 지음 | 하주현 옮김

140×220 | 428쪽 | 25,000원 | 종이책

발도르프학교의 수학_ 수학을 배우는 진정한 이유

론 자만 지음 | **하주현** 옮김

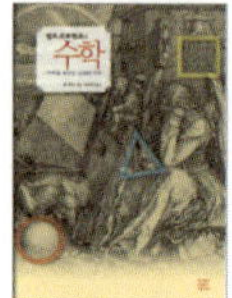

아라비아 숫자보다 로마 숫자로 산술 수업을 시작하는 것
이 좋다. 사칙 연산을 통해 도덕을 가르친다. 사춘기 시작
과 일차 방정식은 무슨 상관이 있을까? 40년 동안 발도르
프학교에서 수학을 가르친 저자가 수학의 재미를 찾아 주
는, 통찰력 있고 유쾌한 수학 지침서

165 × 230 | 400 쪽 | 25,000 원

e북

살아있는 지성을 키우는 발도르프학교의 공예 수업

패트리샤 리빙스턴 · 데이비드 미첼 지음 | **하주현** 옮김

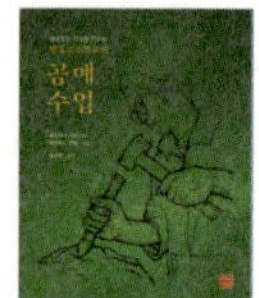

공예 수업은 '의지를 부드럽게 깨우는 교육'이다. '의지'는
사고와 연결된다. 공예 수업을 통해 아이들은 명확하면서
상상력이 풍부한 사고를 키울 수 있다.
30년 가까이 공예 수업을 한 교사의 통찰을 바탕으로 발
도르프학교의 1~12학년 공예 수업을 만날 수 있는 책

150 × 193 | 308 쪽 | 25,000 원

인생의 씨실과 날실

베티 스텔리 지음 | **하주현** 옮김

기질에 맞춘 아동 교육은 유치원과 학교 교육에서 효과적
인 교육 방법으로 관심이 집중되고 있다. 이 책은 아동기
부터 나타나는 기질(점액, 우울, 다혈, 담즙) 4가지를 비롯
해 청소년기의 감정과 영혼 특성의 관계, 그리고 신화 속
에서 영웅으로 표현되어 온 영혼의 원형을 탐색하고 있다.

150 × 193 | 336 쪽 | 25,000 원

하주현 옮김

[도서출판 푸른씨앗]의 번역기획팀장이며, 발도르프학교 도움수업 교사로 일하면서
WLS(www.waldorflearningsupport.org)와 함께 발도르프 도움수업 교사 양성 과정을
진행하고 있다. (한국 발도르프 도움수업 연구회 welg.korea@gmail.com)

번역서_ 『사춘기』
『첫 1년 움직임의 비밀』
『발도르프학교의 공예수업』
『오드리 맥앨런의 도움수업 이해』
『발도르프학교의 아이관찰』
『발도르프학교의 연극 수업』(공동 번역)
『배우, 말하기, 자유』(공동 번역)
『인생의 씨실과 날실』
『마음에 힘을 주는 치유동화』
『발도르프학교의 수학』
『청소년을 위한 발도르프학교의 문학 수업』
『발도르프학교의 미술수업』푸른씨앗
『TV 문제로 아이와 싸우지 않는 훈육법』황금부엉이

푸른씨앗은 콩기름 잉크로 인쇄하여 책을 만듭니다.

겉지 한솔제지 인스퍼 에코 210g
속지 전주 페이퍼 Green-Light 80g
인쇄 (주) 도담프린팅 | 031-945-8894
글꼴 Sandoll 명조Neo1_10pt
책 크기 128×182

이 책의 표지에는 〈Apple SD 산돌고딕 Neo, Yoon 초록우산어린이 민국, DX시인과 나, 수성바탕체, Yoon 윤명조 700, Yoon 윤고딕 700 〉, **내지에는** 〈Apple SD 산돌고딕 Neo, Sandoll 명조Neo1, Yoon 초록우산어린이 민국, 강원교육모두, Kim jung chul Gothic, 수성바탕체, 을유1945, DX시인과 나, Minion Pro, Yoon 윤명조 700, Yoon 윤고딕 700, Times New Roman, Source Sans Variable, Myriad Pro〉 서체를 사용했습니다.